LA
PORNOCRATIE

OU

LES FEMMES

DANS LES TEMPS MODERNES

ŒUVRES COMPLÈTES DE P.-J. PROUDHON

32 VOLUMES

En format grand in-18 jésus.

LA
PORNOCRATIE

OU

LES FEMMES

DANS LES TEMPS MODERNES

PAR

P.-J. PROUDHON

PARIS

LIBRAIRIE INTERNATIONALE

A. LACROIX ET Cᵉ, ÉDITEURS

13, Faubourg Montmartre

1875

PRÉFACE

———

L'année 1858 fut une époque mémorable dans la vie de P.-J. Proudhon. L'éminent écrivain atteignit, on peut le dire, l'apogée de sa carrière par la publication de son œuvre capitale : LA JUSTICE. Sa pensée embrassa à cette occasion les principales manifestations politiques, intellectuelles et morales de la vie humaine. L'auteur apporta à son travail toutes les ressources de sa profonde érudition, de son implacable logique et de la fougue de son style.

L'effet produit fut considérable. Mais ce fut le gouvernement impérial qui s'en émut le plus vivement, et à sa manière.

Proudhon, traduit devant les tribunaux,

1

fut jugé et condamné en trois ans de prison et 4,000 francs d'amende. L'éditeur Garnier, ainsi que les imprimeurs Bourdier et Bry s'attirèrent également des condamnations corporelles et fiscales.

Proudhon qui, pour des motifs analogues, avait déjà subi de longues années de prison, préféra cette fois-ci l'exil à la privation de sa liberté, et se réfugia en Belgique.

L'œuvre condamnée, entre autres questions soulevées, contenait une vaste étude sociologique sur la Femme. L'auteur y déterminait le rôle de la moitié de l'espèce dans la société moderne, le contingent que la femme apportait à son développement, et les droits qui lui revenaient par suite de sa conformation et de ses aptitudes. Il concluait au couple androgyne comme unité sociale, sans toutefois attribuer une valeur équivalente aux deux parties qui la constituaient. L'homme, disait-il, est à la femme, dans la proportion de 3 à 2. L'infériorité de cette dernière était par conséquent irrémédiable.

La formule du célèbre écrivain devait forcément déplaire à toute une moitié du public. Aussi les réfutations ne se firent-elles pas attendre. Des articles de journaux, des brochures, des livres entiers, élaborés par des auteurs qui se croyaient lésés dans les droits imprescriptibles de leur sexe, ne tardèrent pas à se produire sur une grande échelle. On les envoyait au fur et à mesure de leur publication à Proudhon qui, de son côté, en prenait connaissance et les rangeait ensuite par ordre de date, dans un dossier affecté à la cause.

Parmi les polémistes féminins apparurent au premier rang deux écrivains, Mmes J. d'H*** et J. L***. Celle-ci surtout, douée d'une rare élévation d'esprit et d'un remarquable talent de style, entreprit contre le hardi agresseur une campagne dont Proudhon lui-même ne fut pas le dernier à apprécier le plan aussi bien que l'exécution. Mme J. d'H***, pour sa part, se distingua par l'abondance de ses productions.

Proudhon songeait à un retour offensif. Qu'était-ce, après tout, sa vie, sinon une longue série de batailles! Il groupait ses matériaux et fourbissait ses armes. Menant, selon son habitude, plusieurs œuvres de front, il consacrait le gros de son temps à la plus pressée; puis, dans ses heures de loisir, de promenades, il méditait aux publications qu'il réservait pour l'avenir. Cette pensée ardente, en perpéuelle ébullition, ne se reposait jamais. Seulement, comme une mémoire d'homme n'aurait pas suffi à retenir et à classer une foule d'arguments trouvés et acquis au débat, Proudhon prenait des notes, jalonnait la voie de ses déductions, fixait ses points de repère.

Des carnets se remplissaient à vue d'œil, de petits bouts de papier, couverts de fine écriture, s'accumulaient dans les dossiers.

Le tour assigné à l'élaboration définitive du sujet étant venu, Proudhon étalait devant lui sa matière première et procédait à la tâche. Il rédigeait avec une rapidité dont ne peuvent se faire l'idée que ceux qui l'ont connu dans sa vie intime. Les corrections venaient après, habituellement sur épreuves.

C'est ainsi, vers la fin de sa carrière, qu'un jour, il résolut de reprendre ses études sur la Femme, et de publier sa réponse aux attaques dirigées contre sa doctrine par Mmes J. L*** et J. d'H***. L'ouvrage portait pour titre : *la Pornocratie.*

Le polémiste entama vaillamment la rédaction de son manuscrit. Mais la pensée seule était en lui vaillante. Le corps pliait déjà sous les rudes assauts de la maladie qui devait bientôt emporter ce lutteur à outrance.

L'ouvrage sur *la Pornocratie* fut mené au tiers à peine de la dimension projetée. Le reste subsista en notes. Mais ces notes mêmes, quoique jetées au hasard, et la plupart sous formes d'aphorismes, offrent encore un puissant intérêt. Par leur tour et leur concentration, elles rappellent les *Pensées*, ou mieux encore les *Poésies épigrammatiques* de Gœthe. Qui sait même si, en feuilletant avec attention ces dernières, on ne découvrirait pas de curieux rapprochements entre les théories du penseur jurassien et les incursions dans l'ordre des idées religieuses ou sociales du poète de Weimar? Parmi les aphorismes rimés de Gœthe, on en trouve un, sous le titre singulièrement, comme on dirait aujourd'hui, subversif,

de CATÉCHISME. Le voici dans sa traduction littérale :

LE MAITRE. — Réfléchis, mon enfant :
D'où viennent tous ces biens? Tu ne peux
les tenir de toi-même.

L'ENFANT. — Eh! j'ai tout reçu de
mon papa.

LE MAITRE. — Et lui, de qui le tient-il?

L'ENFANT. — De grand-papa.

LE MAITRE. — Mais non! Et le grand-
papa, de qui l'a-t-il reçu?...

L'ENFANT. — Il l'a pris (1).

Il est permis de supposer que si la bou-
tade fût tombée sous les yeux de Proudhon,
il s'en serait servi comme d'épigraphe pour
l'une de ses premières Études sur la *Propriété*.

---

(1) ŒUVRES DE GŒTHE. — *Poèmes épigrammatiques*, précédées de l'entête : « Que le mérite d'une
pareille production soit l'expression d'une pensée
profonde. »

En produisant au jour le présent Essai, tel qu'il nous a été légué par l'éminent écrivain, nous avons la conviction de présenter au public l'équivalent, pour ainsi dire, d'un tableau de maître, une partie terminée, l'autre à l'état d'ébauche. Mais l'ébauche même, d'un vrai artiste, excite encore un vif intérêt. Mise en regard de la partie achevée, elle offre le spectacle de la conception, du labeur et du résultat définitif, et, ainsi que l'eût défini l'ancienne École, à côté de l'*opus operatum*, elle soulève à nos yeux un coin du voile qui recouvrait l'*opus operans*.

C. E.

DE LA

PORNOCRATIE

DANS LES

TEMPS MODERNES

———⋄◇⋄———

A Mmes J*** L*** ET JENNY D'H***

MESDAMES,

Je possède vos trois volumes, et je les ai lus :
ce n'a pas été sans effort. Jamais je n'éprouvai
pareil mécompte ; jamais plus détestable cause ne
fut servie par de si pauvres moyens. Je ne vous
reproche pas vos injures : les injures, je les
comprends quand elle viennent d'une indignation légitime, et je les subis en toute humilité,
comme si c'étaient des raisons. Mais de la raison
il n'y en a pas ombre dans vos attaques ; et ce

qui m'affecte de votre part, c'est l'effronterie
même de la déraison. Certes, mesdames, vous
n'espériez pas que je répondrais à ce flux de
paroles : vous teniez, avant tout, à épancher
votre bile; le reste vous souriait peu. Une doctrine est jugée quand elle produit de pareils
phénomènes : je n'avais qu'à me frotter les
mains, et vous laisser dans votre triomphe. Que
pouvais-je souhaiter de mieux que de voir une
prétendue antagoniste se ravaler par tout ce
que la vanité blessée et la colère peuvent amasser
de futilités dans un cerveau de femme?

J'ai cru devoir, cependant, ne pas laisser
tomber vos deux productions. Vous devinez facilement, mesdames, que ce n'est pas sans motifs.
Il s'agit de bien autre chose, en effet, que de vos
déclamations et de mon ressentiment.

Notre décomposition sociale marche à vue
d'œil; plus j'en étudie les symptômes, plus je
découvre que les libertés publiques ont pour base
et pour sauvegarde les mœurs domestiques; que
les mêmes maximes par lesquelles on détruit les
droits des peuples sont celles par lesquelles vous
et vos coryphées vous renversez l'ordre des
familles; que toute tyrannie, en un mot, se résout en prostitution, et que la prostitution, étu-

diée dans son principe, est précisément ce que vous, mesdames, appelez, avec le Père Enfantin et ses acolytes, *affranchissement de la femme* ou *amour libre.*

Est-ce ma faute, à présent, si vous figurez, comme dames patronesses, au premier rang de cette pornocratie qui depuis trente ans a fait reculer en France la pudeur publique, et qui, à force d'équivoques et à l'aide de la corruption la plus subtile, s'est constituée partout des avocats, des philosophes, des poètes et des dévots ? Vous attaquez tout ce que j'aime et révère, la seule de nos anciennes institutions pour laquelle j'ai conservé du respect, parce que j'y vois une incarnation de la justice. Acceptez donc les conséquences de votre rôle ; subissez, sans tant de criailleries, les qualifications que vous inflige votre théorie ; quant à moi, appelez-moi ogre, Minotaure et Barbe-Bleue, je ne me plaindrai pas, si vous prouvez, par de bonnes raisons, que je me trompe.

I

Vous plaît-il, mesdames, que nous y allions
de franc jeu? Avouez que ce qui vous irrite dans
mon Étude (1) n'est pas le préjudice que ma
théorie du mariage peut causer à votre sexe :
vous savez parfaitement qu'il n'a de ce côté rien
à-craindre. De mon côté, je suis prêt à confesser
que lorsque j'ai parlé, avec une certaine ironie,
des faiblesses et des misères de la femme, je
pensais à autre chose encore qu'à la plus belle
moitié du genre humain. De vous à moi la que-
relle est toute personnelle : ni l'épouse, ni la
mère, ni la fille, pas plus que le chef de la communauté, n'y sont intéressés. C'est ce dont je
voudrais que toute honnête femme qui lira ceci
fût d'abord convaincue.

La question du mariage, telle que je l'ai
posée, peut se ramener à ce dilemme :

1. Ou l'homme et la femme, considérés dans

---

(1) Proudhon entend parler ici de la 10ᵉ et de la 11ᵉ Études
de son livre : *De la Justice dans la Révolution et dans l'Église.*

leur triple manifestation physique, intellectuelle
et morale, sont égaux en toutes leurs facultés ;
dans ce cas, ils doivent être égaux encore dans
la famille, l'économie, le gouvernement, la ma-
gistrature, la guerre; en un mot, dans toutes les
fonctions publiques et domestiques ;

2. Ou bien ils sont seulement équivalents,
chacun ayant en prédominance une prérogative
spéciale : l'homme la force, la femme la beauté.
Dans ce cas, la balance de leurs droits et de leurs
devoirs respectifs doit être faite d'une autre manière, mais d'une manière telle qu'en résultat il
y ait entre les deux sexes égalité de bien-être et
d'honneur.

Dans les deux hypothèses, le droit et la dignité
de la femme sont reconnus; elle peut se dire
affranchie, elle est sauvée. Il n'y a pas un
troisième système : en bonne justice, vous me
deviez des éloges pour avoir su réduire une question aussi ardue à une alternative aussi simple.
Quoi qu'il advienne, le législateur père de famille, philosophe, économiste ou moraliste, est
tenu de fournir une équation, car, ainsi que
je le fais observer moi-même, on ne peut pas
admettre que la femme, créature raisonnable et
morale, compagne de l'homme, soit traitée

comme si son sexe impliquait déchéance. Pourquoi, au lieu de m'injurier, ne vous êtes-vous pas
bornées à prendre acte de mes paroles?

Je sais bien que, d'après le préjugé régnant,
préjugé qui est le vôtre, la *beauté* semble quelque
chose de fort peu de poids, une pure imagination, une non-réalité; que lorsque je dis : Oui,
l'homme est plus fort, mais la femme est plus
belle, j'ai l'air de faire une mauvaise plaisanterie.
C'est, à votre jugement, comme si je posais sur
la tête de l'homme le signe positif +, sur celle
de la femme le signe négatif —. La beauté, se
dit-on, qu'est-ce que cela ? Pour combien cela
compte-t-il dans le gouvernement, dans le ménage, ou sur le marché?... C'est ainsi que raisonne le vulgaire, qui n'admet de réalités que
celles qui se mesurent au poids et au litre; et
que vous raisonnez vous-mêmes, mesdames; car,
avec votre superbe, il s'en faut de beaucoup que
vous soyez aussi affranchies que vous le dites.

Eh bien ! non, la beauté n'est pas un néant ;
et, sur ce point, vous me permettrez de dire que
les messieurs sont juges plus compétents que
les dames. La ·beauté — n'oublions pas que je
parle de la beauté comme de la force, à tous les
points de vue physique, intellectuel et moral —

n'est pas up néant ; c'est le corrélatif de la force, une puissance, une vertu, un je ne sais quoi dont il est plus aisé de montrer l'action que de définir l'essence, mais quelque chose qui n'est pas rien, puisque ce qui agit, et qui sert de corrélatif à la force et à la substance, ne peut pas être rien. J'ai essayé, dans une Étude spéciale, d'expliquer le rôle de l'idéal dans le mouvement humanitaire ; j'ai cru reconnaître en lui cette *grâce prémouvante* par laquelle les théologiens expliquent toutes les vertus et les progrès de l'humanité ; j'ai dit que, sans cette puissance d'idéalisation, l'homme, sans souci de sa dignité, resterait sourd aux sollicitations de sa conscience ; et quand, plus tard, dans une autre Étude, j'ai fait de la femme la représentation vivante de cet idéal, je n'ai fait autre chose que rendre plus concrète une pensée jusque-là perdue dans les abstractions des théologiens et des philosophes. Ah ! si le vénérable Père Enfantin s'était avisé de pareille chose ; s'il avait dit que la beauté, chez la femme, est plus efficace, plus créatrice que la force chez son compagnon, attendu que c'est la beauté qui, la plupart du temps, mène la force, que d'applaudissements, que de bouquets, que de baisers !..,

Maintenant, mesdames, il est possible que je me trompe. Il se peut que l'idéal, que la femme et sa beauté n'aient pas, dans la société humaine, l'importance que je leur assigne. Il se peut même qu'en déclarant, avec la presque universalité de mes pareils, la femme plus belle que l'homme, j'aie tout simplement fait preuve de mauvais goût; il se peut, dis-je, que les femmes, dont la figure nous séduit, soient réellement laides, d'autant plus laides qu'elles ont le privilége de se rendre affreuses en voulant ressembler aux hommes. Y avait-il pour vous, dans cette inoffensive erreur, le moindre sujet de fâcherie? Quel mal cela faisait-il à vous et à votre cause? A tout le moins, vous me deviez compte de ma bonne intention, puisque, en définitive, en réalisant, pour ainsi dire, dans la personne de la femme, l'éternelle et céleste beauté, j'ajoutais à l'actif de votre sexe une valeur énorme. Singulières avocates, qui vous plaignez que vos contradicteurs vous fournissent vos moyens les plus décisifs, vos titres les plus solides; qui trouvez mauvais que nous vous fassions *la mariée trop belle!*

Tout ceci admis, je me suis demandé : Qu'est-ce que le mariage?—L'union de la force et de la beauté, union aussi indissoluble que celle de la forme et de la matière, dont le divorce implique destruction de toutes deux. C'est précisément en cela que le mariage diffère de la société civile et commerciale, essentiellement résoluble, et dont l'objet est le gain. La force et la beauté s'unissent à titre gratuit : elles ne se payent pas réciproquement, la première en services, la seconde en faveurs ; il n'y a pas de commensuration possible entre les fruits du travail et les dons de l'idéal. Le mariage, dans la pureté de son idée, est un pacte de dévouement absolu. Le plaisir n'y figure qu'en second ordre : tout échange des richesses que produit l'homme contre les joies que procure la femme, tout commerce de volupté, est concubinat, pour ne pas dire prostitution mutuelle. C'est ainsi que le mariage devient pour les époux un culte de la conscience, et pour la société l'organe même de la justice. Un mariage saint, s'il ne rend pas les époux impeccables, exclut de leur part, vis-à-vis des étrangers, tout crime et félonie ; tandis que le concubinat, soit l'union de l'homme et de la femme, secrète ou solennelle, mais formée seulement en vue du plaisir, bien que dans certains cas excusable, est le repère habituelle des parasites, des voleurs, des faussaires et des assassins.

Oh! mesdames, je sais combien cette morale vous paraît sévère, à vous, qui faites fi de la force et encore plus de la beauté, et pour qui plaisir et richesse sont en définitive le véritable contrat social, la vraie religion. Avouez pourtant que dans les conditions de travail et de frugalité que la nature même des choses impose à notre espèce, si nous voulons former des mariages solides, une société vertueuse, cette théorie du dévouement vaut mieux que vos maximes épicuriennes. En tout cas, vous ne pouvez dire que j'ai fait tort à la femme, l'être, selon moi, le plus faible; car voici, à peu près, comment je l'ai traitée.

Quant à la famille, l'économie de l'existence se divise en deux parties principales : *production* et *consommation*.

La première est de beaucoup la plus rude : j'en ai fait l'attribut de l'homme; la seconde est plus facile, plus joyeuse : je l'ai réservée à la femme. L'homme laboure, sème, moissonne, moud le blé; la femme fait cuire le pain et les gâteaux. Toute leur vie, en ce qui concerne le travail, peut se ramener à ce symbole : peu importe de quelle manière, dans l'avenir, le travail pourra être divisé, organisé et réparti; en

dernière analyse, toutes les opérations viriles et
féminines sont respectivement des dépendances
de la charrue ou du pot-au-feu. Sauriez-vous me
montrer en quoi ce partage est injuste?... Mais,
la table mise, et le repas servi, ai-je dit à la
femme de s'asseoir en un coin; d'attendre, pour
manger, que son seigneur et maître lui fît signe,
de se contenter de pain bis, rassis, tandis que
lui mangerait le pain blanc et frais? Loin de là,
j'enseigne aux maris que tout ce qu'il y a de
meilleur à la maison doit être toujours pour la
femme et les enfants, et que sa jouissance, à lui,
doit se composer surtout de la leur. Sans doute,
j'ai omis bien des choses; je n'ignore pas, pour
me l'être bien des fois entendu dire, que je suis
peu gracieux et aimable; mais enfin vous avoue-
rez que ce ne sont point là façons d'un égoïste,
d'un exploiteur, d'un tyran. Si c'est le bonheur
des femmes que vous prétendez servir, comptez-
moi donc au nombre de vos partisans.

J'ai dit, après Aug. Comte, et mieux que lui,
que la femme, incarnation de l'idéal, semble
d'une nature supérieure à l'homme, qui n'a
guère pour lui que la force; que s'il procure
l'utilité, elle seule donne la félicité; que pour
cette raison elle devait être, autant que possible,

affranchie de toute œuvre utilitaire, surtout du travail rude et répugnant. J'ai fait de la monogamie la loi fondamentable du couple androgyne ; j'ai banni le divorce ; j'ai dit que, dans un mariage vraiment digne, l'amour devait être subordonné à la conscience, à telle enseigne que chez de vrais époux la bonne conscience pouvait et devait tenir lieu d'amour : tout cela au bénéfiçe de qui, s'il vous plaît ? Évidemment au bénéfice de la femme, de celui des conjoints qui règne surtout par la beauté, qui, par conséquent, est le plus exposé à déchoir.

Quant aux choses du dehors, je n'ai pas voulu, je ne veux pas pour la femme, et par les mêmes considérations, de la guerre, parce que la guerre sied aussi peu à la beauté que la servitude.

Je ne veux pas de politique, parce que la politique, c'est la guerre.

Je ne veux pas de fonctions juridiques, policières ou gouvernementales, parce que c'est toujours la guerre.

Je dis que le règne de la femme est dans la famille ; que la sphère de son rayonnement est le domicile conjugal ; que c'est ainsi que l'homme, en qui la femme doit aimer, non la beauté, mais la force, développera sa dignité, son individua-

lité, son caractère, son héroïsme et sa justice, et
c'est afin de rendre cet homme de plus en plus vail-
lant et juste, sa femme par conséquent, de plus en
plus reine, que j'attaque la centralisation, le fonc-
tionnarisme, la féodalité financière, l'exorbitance
gouvernementale et la permanence de l'état de
guerre. C'est pour cela que, dès le mois d'octobre
1848, j'ai protesté contre le rétablissement de
l'Empire, que je considérais comme une prostitution nationale, et que je n'ai cessé de réclamer des
réformes économiques qui, en rendant le paupé-
risme, la révolte et le crime moins fréquents et
moins intenses, réduiraient progressivement le
nombre et la durée des magistratures, et ramè-
neraient peu à peu l'ordre social à la liberté pure
et simple, ce qui veut dire à la restauration
complète de la famille et à la glorification de la
femme.

J'ai blâmé, avec toute l'énergie dont j'étais
capable, la séduction, l'adultère, l'inceste, le
stupre, le viol, la prostitution, tous les crimes et
délits contre le mariage et la famille, j'eusse dû
dire contre la femme. Je les ai dénoncés comme
les signes et les instruments du despotisme : en
quoi j'ose me flatter que ma parole ne devait
point vous être suspecte. Si j'ai excusé, dans

une certaine mesure, et après les autorités
les plus graves, le concubinat, c'a été encore
dans l'intérêt des femmes. Je ne fais pas de
doute qu'il n'eût été possible à un autre de
dire mieux que moi ; mais enfin j'ai parlé
selon mes faibles moyens, et si je regarde autour de moi, si je remonte dans le passé, je ne
vois pas un auteur, non pas un, qui ait pris
autant à cœur la cause de votre sexe. Pourquoi
donc ce déluge d'épithètes offensantes : que je
suis un rustre, un âne, un lâche ? Eh ! mesdames,
si le droit de la femme était la seule chose qui
vous tînt au cœur, voici tout ce que vous aviez
à me dire : « Monsieur Proudhon, vous êtes, jusqu'à présent, le premier de nos défenseurs, et
nous sommes heureuses de vos excellentes dispositions. La condition que vous faites à notre
sexe n'est point à dédaigner, et ce pis-aller nous
garantirait déjà une existence sortable. Mais,
permettez-nous de vous le dire, en ce qui concerne la femme, vous n'êtes encore qu'un simple
bachelier ; vous n'avez vu de ses splendeurs
qu'un pâle rayon, et, comme vous l'a dit un artiste de vos amis, *vous n'entendez rien à l'amour.*

« Vous nous croyez faibles de corps, pauvres
de génie, timides de cœur, et c'est en considé-

ration de ce qu'il vous plaît d'appeler notre
beauté, et qui ne nous inspire à nous qu'une
médiocre estime, que vous vous croyez obligé de
vous dévouer à notre félicité. Erreur généreuse,
mais déplorable ! Nous possédons, sachez-le, du
moins nous pouvons acquérir, au même degré
que vous, et sans que cela ôte rien à nos charmes, la force physique. Et quand même nous ne
l'acquerrions pas, qu'importe? Si nous n'en avons
pas besoin ! Le taureau est plus puissant que
l'homme, cela prouve-t-il qu'il entre en comparaison avec lui?... Quant aux qualités de l'âme,
les seules dont il convienne de tenir compte, le
génie, la prudence, la justice, la dignité, le courage, en vous apprenant qu'elles ne nous manquent pas plus qu'à vous, nous ne serons que
modestes. Ah! malheureux raisonneur, si pour le
peu que vous avez pénétré de la nature de la
femme, vous lui voulez tant de bien, que sera-ce
quand vous aurez reçu sa révélation tout entière?
Laissez-nous donc vous instruire, et tenez-vous
pour assuré de notre reconnaissance. Votre esprit
n'a point vu, votre cœur n'a jamais connu de
quelle immense volupté une femme libre peut
combler un mortel. Certes, il y a en vous l'étoffe
d'un fervent adorateur de la femme, d'un féal

chevalier de la *Reine du ciel.* Il ne s'agit que de vous ôter cette taie qui vous couvre la prunelle pour faire de vous le saint Paul de la révolution de la femme, de toutes les révolutions la plus grande et la dernière. »

Ce langage était le seul que vous eussiez le droit de me tenir, puisque vous n'étiez nommées ni l'une ni l'autre dans mon livre, et que, parlant pour toutes vos sœurs, vous n'aviez qu'à vous emparer du beau rôle que je leur faisais, sans y mêler rien de vos personnes. Qui sait, si après cela, la récompense promise venant en aide à mon imbécillité, je n'aurais pas fini par reconnaître que ma balance du *doit* et de l'*avoir* de la femme était inexacte; qu'égale à l'homme en puissance, elle possède en plus la beauté; qu'ainsi votre supériorité est complète; que, relativement à vous, nous sommes des êtres déchus; et, pour tout dire d'un mot, que la femme, bien loin qu'elle ait causé par sa curiosité indiscrète la perte du genre humain, comme le rapporte méchamment et calomnieusement la Genèse, a été donnée à l'homme comme sa rédemptrice et son ange gardien?

Avouez, mesdames, que vous feriez de tristes avocats. Il suffirait d'un mot à double entente

pour vous mettre hors de mesure, et, à moins
que vous n'usassiez avec vos juges d'une autre
dialectique, vous feriez couper le cou à tous vos
clients. Cette cause de la femme, que vous vous
êtes ingérées de défendre, vous la trahissez à
chaque ligne, vous la déshonorez. Comme ceci
tient précisément à la différence de prérogative
que j'ai cru remarquer, après tant d'autres,
entre les deux sexes, et que vous niez, sans nulle
preuve, avec le plus incroyable aplomb, vous
trouverez tout simple que je vous y retienne. Là
est le point capital de la question.

II

Parallèle de l'homme et de la femme.

Il n'y a pas de puissance sans beauté, et, réciproquement, pas de beauté sans puissance, pas plus qu'il n'existe de matière sans forme, ou de forme sans matière; c'est pour cela qu'on dit une *beauté mâle* et une *femme forte;* c'est pourquoi la femme a sa part dans la production domestique, de même que l'homme a la sienne dans l'art de bien vivre, qui n'est autre que le ménage même.

Mais la puissance et la beauté, bien qu'aussi intimement unies par la matière et la forme, ne sont point une seule et même chose; leur nature n'est point identique, leur action encore moins. Aucun effort de la pensée ne saurait les réduire à une commune expression. C'est ce qui fait qu'en dehors de la sexualité organique, il existe une différence que tout le monde sent et que la raison proclame irréductible entre l'homme et la femme.

Mais cette différence ne serait-elle point illusoire? Faut-il n'y voir, comme vous le prétendez, mesdames, qu'un effet de l'éducation et de l'habitude, à tel point qu'on puisse espérer, par un changement de régime, de la faire disparaître et de ne laisser subsister entre les sexes d'autre différence que celle de l'appareil générateur? En d'autres termes, le système des rapports entre l'homme et la femme, que j'ai cherché à établir sur l'*équivalence* de leurs attributs, doit-il être fondé au contraire sur l'ÉGALITÉ et l'IDENTITÉ de ces mêmes attributs? Toute la dispute est là.

Notons que de la loi des sexes dépendra celle de la famille, par suite, l'ordre de la société, la constitution de l'humanité tout entière.

J'ai dit que les faits confirmaient ce que révèle à tout individu de bonne foi le premier aperçu, savoir : Que l'homme est plus fort, mais moins beau; la femme plus belle, mais moins vigoureuse. Là-dessus vous faites de grandes ricaneries. Vous niez les faits, parce que, contrairement à ma propre thèse, vous vous imaginez que je les cite à mauvaise intention. Vous allez jusqu'à dire que je n'ai point produit de faits; bien plus, que les faits sont pour vous. La femme surprise en adultère nie toujours; à l'en croire,

son mari lui aurait encore de l'obligation. Rap-
pelons donc, au moins sommairement, les faits,
et de manière à ce qu'on ne les passe plus sous
silence.

Facultés physiques. — Prenez au hasard, dans
les différentes classes et conditions de la société,
deux jeunes gens, un paysan et une paysanne,
un ouvrier et une ouvrière, un damoiseau et une
demoiselle; prenez, à d'autres degrés de l'échelle,
un homme fait et une femme, un vieillard et une
vieille, ou bien un adolescent et une adolescente,
un petit garçon et une petite fille, et faites-les
lutter. C'est une expérience que chacun peut faire
par soi-même, que j'ai faite cent fois au temps où
j'étais berger. Il pourra se faire quelquefois que
le sort désigne pour la lutte un garçon faible et
une fille très-forte, qui alors remportera la victoire. Mais quatre-vingt-dix-neuf fois sur cent,
vous trouverez que le mâle sera le maître. Voilà
un fait. En revanche, vous trouverez un pareil
nombre de fois la femme plus belle que l'homme.
Ce second fait est la contre-partie de l'autre.

Est-ce la nature qui a établi entre eux cette
différence? Il est facile d'en juger : il suffit des
yeux. Comparez l'Hercule Farnèse, le gladiateur, le Thésée ou l'Achille à la Vénus de Milo,

à la Véuus de Médicis, à la Diane Chasseresse :
est-ce que les uns ne sont pas organisés pour la
force, les autres pour la beauté ? Faites compa-
raître, comme à Sparte, dans l'arène, toute la
jeunesse, toute la population : l'effet produit sera
le même. Tel est le fait, fait qui se répétera autant de fois, ou peu s'en faut, que vous aurez
formé de couples.

C'est peut-être le régime qui en est la cause,
direz-vous. Nous allons voir. Jusqu'à l'époque
de la puberté, la différence entre garçons et filles
est peu de chose : Fourier les appelait le *sexe
neutre*. Leur régime est aussi, à peu près, le
même : s'il y a quelque différence, c'est en prévision de ce que la jeune fille doit inévitable-
ment devenir. Aussi, en même temps que les
adolescents, de même que les petits enfants des
deux sexes se rapprochent davantage pour la
force, ils s'éloignent moins pour la beauté ; de
là, en partie, cet amour grec, sur lequel je n'ai
pas besoin, mesdames, de m'expliquer avec vous.
Tout à coup, chez l'un et chez l'autre sujet, la
physionomie change : les formes deviennent
plus anguleuses chez l'un, plus arrondies chez
l'autre ; le développement des hanches et du sein,
en donnant le dernier trait à la beauté de la

femme, lui ôte en même temps l'agilité. Les anciens poètes ont fait d'Atalante, de Camille, des femmes légères à la course : pure fiction ! La rapidité de la femme est chose impossible ; elle porte proportionnellement plus de poids mort que l'homme. Relisez, dans l'*Émile*, la description de la joûte entre Émile et Sophie ; vous verrez quelle drôle de figure fait une femme disputant à un homme le prix de la course. Relisez, dans le poème de Quintus de Smyrne, le combat d'Achille et de Penthésilée, la reine des Amazones, et vous verrez l'énorme différence qu'il y a, même au point de vue du merveilleux épique, entre un héros et une héroïne. Si Camille, Atalante, Diane elle-même, avaient le pied aussi léger que l'ont dit les poètes, c'est qu'elles n'étaient pas jolies femmes : le centre de gravité devait être placé chez elles, comme chez l'homme, dans la poitrine ; elles avaient la jambe maigre, la hanche évidée, et pas de gorge.

En voulez-vous davantage ? En Amérique, on n'emploie pas les femmes aux travaux des champs, et, d'après le récit de tous les voyageurs, elles n'en sont que mieux portantes et plus belles. En Franche-Comté, en Bourgogne, où les paysannes travaillent comme des bêtes de somme, elles sont vieilles à trente ans et affreuses ; tandis que les hommes, qui pourtant se réservent le plus rude de la besogne, sont encore, à cinquante ans, superbes. Sur tout cela, consultez les physiologistes, vous les trouverez d'accord avec les peintres et les statuaires.

Avez-vous vu défiler un régiment, un jour de parade, les vivandières en tête, portant l'uniforme ? Rien de plus beau, en général, qu'une troupe d'hommes rangés en bataille ; mais il y a une chose qui fait tache, c'est la vivandière. Cette femme en pantalon, marchant au pas de troupe, qui attire votre regard au premier moment, parce qu'elle est femme et qu'elle porte un costume, est, en fin de compte, disgracieuse. La femme qui court mal est aussi mauvais piéton. Ce qui lui convient, c'est la danse, la valse, où elle est entraînée par son valseur, ou bien encore le pas lent et solennel des processions. Ce sont là des faits, je pense, que je pourrais multiplier et varier à l'infini. Les ai-je inventés, ou trouvez-vous qu'ils manquent de signification ? Au reste, vous ne niez pas, d'une manière positive, la supériorité de la force physique chez le sexe mâle, bien qu'il vous répugne de la reconnaître. Vous la passez sous silence, comme si elle n'é-

tait rien. La force, pensez-vous, qu'est-ce que cela
prouve?...

Ce que cela prouve, mesdames? C'est qu'en
vertu des constitutions de la nature, il y a une
différence radicale entre les fonctions et les
destinées, tant sociales que domestiques, de
l'homme et de la femme : chez l'un, plus de
mouvement, d'énergie, d'activité; chez l'autre,
un exercice plus doux, une vie plus sédentaire,
où les charmes de la personne se déploient à
l'aise et produisent tout leur effet. L'opinion du
genre humain est conforme à cette loi de nature;
l'épithète de *virago*, par laquelle on désigne les
créatures ambiguës, à formes viriles, tempérament soldatesque, ne se prend point en bonne
part : on les soupçonne de vilains goûts.
Les qualifications de *coureuse* et d'*émancipée*,
en vertu de cette même analogie du physique et du moral, sont encore pires. Et les
femmes en masse adhèrent à ce jugement, à
l'exception d'un petit groupe, dont M. Enfantin
n'a pas encore trouvé d'échantillon présentable.
Dès l'origine des choses, et sans sortir de l'ordre
physique, la nature et la conscience universelle
ont condamné votre Église; elles vous ont notées
d'infamie. Est-ce un fait?

Facultés intellectuelles. — J'ai dit que si l'homme avait plus de puissance nerveuse et musculaire que la femme, en vertu de l'unité de l'être, de la solidarité et de l'harmonie des facultés, il devait avoir aussi plus de puissance intellectuelle. Mais, par la même raison, je devais ajouter et j'ai ajouté que l'intelligence chez la femme devait se distinguer, comme le corps, par des qualités spéciales, formant complément et contre-poids à celles de l'homme. Rien de plus logique, de plus équitable en même temps, rien de moins menaçant pour le droit des femmes que cette induction du physique à l'intellectuel, que cependant il convenait d'appuyer de faits.

Des faits, je vous en ai cité de toute sorte ; mais comme il vous a plu de n'y voir que des sarcasmes à votre adresse personnelle, vous les avez déclarés non avenus. Il faut pourtant, mesdames, que nous partions d'un principe, si nous voulons que le public qui nous lit nous entende. Est-ce de vous qu'il s'agit, ou de votre sexe? Évidemment c'est de votre sexe, au nom duquel vous protestez, et que vous dites tyrannisé, dégradé par le mien, Laissons donc de côté ce qui peut vous être particulièrement désagréable dans l'enquête : ou vous serez sauvées avec toutes les femmes, ce qui veut dire que vous abjurerez vos maximes; ou vous serez blâmées toutes seules. Soyez tranquilles, il n'y aura pas de confusion, pas d'injustice.

Des faits ! je vous en ai cité d'un seul coup les SOIXANTE MILLE brevets d'invention et perfectionnement pris par des hommes, en France, depuis l'année 1791, contre une *demi-douzaine* pris par des femmes pour *articles de mode!*

Des faits! je vous citerai encore la *Biographie universelle* ; faites le compte des sujets des deux sexes qui se sont distingués dans la philosophie, le droit, les sciences, la poésie, l'art, en un mot dans tous les exercices de l'esprit; je m'en fie à vous pour le résultat. Après les faits bruts, voulez-vous des témoignages, qui sont aussi des faits? Je vous ai cité les sages de l'antiquité et des temps modernes, les poètes, les théologiens, les conciles, abstraction faite, bien entendu, des termes injurieux dans lesquels trop souvent, à propos de la femme, la raison masculine s'exprime. Tout ce qui a été dit à ce sujet se réduit à ces paroles de Lamennais :

« Je n'ai jamais rencontré de femme qui fût

« en état de suivre un raisonnement pendant un
« demi-quart d'heure. *Elles ont des qualités qui*
« *nous manquent*, des qualités d'*un charme par-*
« *ticulier, inexprimable ;* mais, en fait de raison,
« de logique, de puissance de lier les idées, d'en-
« chaîner les principes et les conséquences et d'en
« apercevoir les rapports, la femme, même la plus
» supérieure, atteint rarement à la hauteur d'un
« homme de médiocre capacité. L'éducation peut
« être en cela pour quelque chose, mais le fond
« de la différence est dans celle des natures » Il
conclut : « La femme est un papillon léger, gra-
« cieux, brillant, à qui des escargots philosophes
« ont proposé de se faire chenille. » Voulez-vous
des aveux, qui sont toujours des faits? Je vous ai
cité les paroles de Mmes Sand, D. Stern, Necker
de Saussure, Guizot, les plus célèbres de notre
temps, les plus favorables à la théorie de l'égalité.
Toutes, avec un dépit plus ou moins marqué, mais
très-mal placé, parlent comme Hégel et Lamen--
nais. C'est le sexe tout entier, se confessant par
la bouche de ses représentants les plus capables
en même temps que les plus dévoués, et reconnaissant sa faiblesse. Quel fait plus écrasant que
celui-là?

Voulez-vous des expériences? L'expérience, en

philosophie, n'est autre chose que l'art de sur-
prendre la nature sur le fait. J'ai comparé les
productions littéraires des femmes à celles des
hommes ; et quiconque a étudié les procédés de
l'art oratoire, et la manière dont se fabriquent
aujourd'hui la plupart des livres et des romans,
peut recommencer, à satiété, la même comparaison. Est-ce qu'il n'en résulte pas que, chez la
femme-auteur, les écrits procèdent beaucoup
plus de la faculté expressive ou parlière, que de
la faculté pensante ? Est-ce que nous ne les avons
pas trouvées toutes plus ou moins atteintes d'une
sorte de nymphomanie intellectuelle, qui, à travers un déluge de paroles, leur fait affecter les
formules viriles, et les ramène sans cesse à une
idée fixe : l'amour; c'est-à-dire à la chose que
vous nommez votre *émancipation?*

Voulez-vous à présent remonter plus haut que
les faits, et aller aux causes? Interrogez la phrénologie. Elle vous dit que le cerveau de la femme
n'est pas constitué de la même manière que celui
de l'homme. En effet, les divisions cérébrales qui
correspondent, autant que l'on a pu s'en assurer
par des milliers d'observations, aux facultés puis-
santes de l'esprit, la causalité, la comparaison,
la généralisation, l'idéalisation, perfectionnement

ou progrès, sont, de même que les instincts polé-
miques et guerriers, de commandement, de fer-
meté et de personnalité, en plus grand développement chez l'homme, en moindre développement chez la femme. En revanche, et comme
si la nature, non contente de cette supériorité de
puissance accordée au sexe mâle, avait voulu
prévenir toute insurrection de la part du sexe
faible, elle a donné à celui-ci, en prédominance,
la vénération, la subordination, l'attachement,
la résidence, la circonspection, le besoin d'approbation et de louange, toutes facultés qui révèlent la défiance que la femme a de ses moyens,
enfin une sorte d'esprit intuitif et divinatoire qui
tient lieu à la femme de raisonnement et de conviction. Et comme si cela ne suffisait point encore pour la paix domestique, l'ordre des sociétés
et la destinée finale du genre humain, la masse
totale du cerveau est plus petite chez la femme,
dans la proportion moyenne de 3 livres 4 onces
contre 3 livres 8 onces. Or, comme le dit Brous-
sais, toutes choses d'ailleurs égales, il y a plus
de puissance là où il y a plus de quantité; et
l'objection qu'on voudrait tirer contre la phrénologie du cerveau de l'éléphant ou de celui de
la baleine tombe, parce que le cerveau des ani-

3

maux n'est pas organisé comme celui de l'homme, qu'il ne répond pas aux mêmes besoins, à des facultés aussi nombreuses, en un mot parce qu'entre eux et lui toutes choses ne sont pas égales et homologues. Vous inscrivez-vous indistinctement en faux contre toutes les propositions de la phrénologie?

Ces faits, à l'exception de ceux de la cinquième catégorie, relative à la comparaison des œuvres littéraires, je me suis borné à les indiquer en masse, ne me croyant pas obligé de rapporter autrement des vérités tombées dans le domaine public. Cela vous a donné prétexte de dire que je n'avais cité aucun fait. C'est ainsi que raisonne la femme lorsque la passion la domine, la femme affranchie de toute foi comme de toute bonne foi. Elle ne voit, ni entend; comme la fameuse Scylla de la mythologie, elle jappe. Détruisez donc la statistique du commerce, détruisez la biographie universelle, détruisez le témoignage des théologiens, des philosophes, des poètes, des moralistes; détruisez l'aveu de vos chefs de file, détruisez cette critique littéraire, qui vous met à votre place; détruisez la phrénologie, et quand vous aurez détruit toutes ces choses, vous pourrez dire que je n'ai pas produit de faits.

Quant à moi, qui, poursuivant d'un trait implacable cette pourriture saint-simonienne, n'avais garde de refaire la satire de Boileau sur les femmes, j'ai conclu, sur l'exposé de ces faits, comme je l'avais fait précédemment à propos de l'inégalité des forces, que la puissance intellectuelle de l'homme devait avoir pour corrélative chez la femme une qualité d'un autre genre, qualité d'application, de simplification, de vulgarisation, qualité qui par conséquent devait donner à l'esprit féminin, en agrément, ce que celui de l'homme a en profondeur. J'ai raisonné de la nourriture spirituelle comme de la nourriture corporelle. Ce n'est pas tout qu'un cerveau qui la produise, il en faut un autre qui la prépare. Nous en savons un bel exemple dans mistress Mary Somerville, qui, en 1831, à la prière de lord Brougham, traduisit, pour la société de la diffusion des connaissances utiles, la *Mécanique céleste*, de Laplace, « l'algèbre en langage ordinaire, » une œuvre faite pour la postérité, disait de cette traduction John Herschell. Certes, mistress Somerville pouvait passer, en son genre, pour un phénomène; cela ne l'empêcha point d'être la meilleure ménagère du monde; elle traduisait de Laplace « l'algèbre en langue vulgaire » dans ses moments perdus, comme une autre eût fait de la tapisserie; elle sentait d'ailleurs que, si peu d'hommes eussent été capables de pareille besogne, aucune femme, en revanche, n'eût suppléé Laplace ou Newton.

C'est beaucoup d'avoir su vaincre, disait Napoléon; le grand point est de savoir user de la victoire. Eh bien, c'est la femme qui use de la victoire de l'homme, et qui tire parti de ses conquêtes. A lui le travail de la production économique et philosophique; à elle l'art de la jouissance. Seul il ne sait pas user; ce qu'il acquiert par la force s'en va, sans la femme, en dissipation. En quoi l'une de ces attributions est-elle moins digne que l'autre?

Que l'homme exerce son corps et son esprit tant qu'il voudra, qu'il entasse découverte sur découverte, création sur création, chef-d'œuvre sur chef-d'œuvre, il ne parviendra pas, quel que soit son développement, à changer sa nature ni à travestir son caractère. La force restera son attribut essentiel; il ne deviendra pas un joli minois pour le corps, ni un sylphe pour l'intelligence. Il le deviendra d'autant moins qu'il se sera donné plus de peine dans son corps et dans sa pensée.

De même, que la femme aiguise tant qu'elle voudra son entendement aux idées de l'homme, qu'elle multiplie avec lui ses connaissances, qu'elle pénètre parfois jusqu'au fond de ses spéculations; elle ne deviendra jamais un *esprit fort*, je rétablis le terme dans son acception purement virile et philosophique; elle ne fera toujours que croître en agréments, et cela d'autant plus qu'elle aura appris davantage. La nature, comme je l'ai dit, l'a enchaînée, dans son développement même, à la beauté; c'est sa destination, c'est, pour ainsi dire, son état.

Toute déviation de l'être engendre maladie ou difformité. Le mignon qui affecte les grâces féminines est aussi dégoûtant que le nègre à face de gorille; la femme qui porte favoris et moustaches est peut-être encore plus hideuse. C'est pour cela que la soi-disant savante qui dogmatise, qui pérore, qui écrivaille, la femme qui répète à tout propos, comme vous, madame Jenny d'H***, *je professe, j'affirme, j'enseigne, j'expose, j'admets, je nie, j'ai écrit, je déclare;* celle qui s'affuble d'une barbe philosophique, qui traduit la métaphysique en baragouin, et se mêle de *réfuter* des théories qu'elle ne comprend pas et que cependant elle pille, comme vous, madame

J*** L***, cette femme-là déchoit et devient laide. Car il y a une laideur dans l'esprit cent fois pire que celle du corps : c'est celle qu'a représentée Molière, aux applaudissements de tous les siècles, dans son immortelle comédie des *Femmes savantes*. Relisez-là, mesdames : celle-là peut se vanter d'avoir fait un grand pas dans la sagesse qui s'est pénétrée de la philosophie des *Femmes savantes*.

Facultés morales. — J'ai raisonné des facultés morales exactement comme j'avais raisonné des intellectuelles : s'il y a dans l'homme plus de force de tempérament et d'intelligence, en vertu de l'unité constitutive de l'être, des lois d'harmonie et de proportion, il doit y avoir aussi plus de force de conscience. Pour la même raison, le même phénomène que nous avons déjà observé deux fois doit encore ici se reproduire : s'il est permis, dans l'ordre moral, comme dans l'ordre physique et intellectuel, d'établir une différence entre l'énergie et la beauté, la femme doit se distinguer de l'homme par quelque chose de spécial, qui rétablisse entre elle et lui l'équilibre de dignité. En sorte que l'homme, après avoir servi d'initiateur à la femme, aussi bien pour le droit que pour l'idée, en reçoit une impression qui redouble son zèle pour la vérité et la justice. J'ai dit toutes ces choses; vous les avez lues : jamais bilan ne fut dressé avec un soin plus scrupuleux. Que me reprochez-vous donc? J'ai établi de mon mieux la vérité de cette proposition : Si l'homme, expression de la puissance, est à la femme comme 27 à 8; la femme, expression de l'idéal, est à l'homme aussi comme 27 à 8. Vous qui affirmez, qui proposez, qui enseignez tant de choses, admettez-vous, mesdames, ou niez-vous l'équivalence des sexes? Car, en vérité, plus on vous lit, moins on comprend ce que vous voulez.

Il est vrai qu'ici comme ailleurs la question est de savoir si la beauté n'est pas chose vaine et chimérique, de pure apparence, mais chose positive, qui a son rôle, son influence très-grande et son inestimable prix? Et comme vous ne croyez point à ce que j'appellerai l'existence de la beauté, professant en cela, et pour cause sans doute, une doctrine contraire à celle des plus grands philosophes, des plus grands poètes, des plus grands théologiens; comme vous êtes, en fait d'idéal, de vrais athées, vous vous dites que si la femme n'a pour balancer son époux

que sa beauté, la beauté de son corps, de son
âme et de son esprit, c'est fait d'elle :

La Femme est un esclave, et ne doit qu'obéir.

C'est ainsi que vous avez pris le parti de nier
— si cela s'appelle nier ! — tous les faits physio-
logiques, psychologiques, économiques et sociaux que j'avais présentés à l'appui de ma
théorie du mariage, comme ces femmes qui,
piquées au jeu et, voyant qu'elles ont perdu,
prennent le parti de brouiller les cartes.

Toute vertu est une irradiation de la justice.

La justice a son point de départ dans le sentiment de la dignité, lequel est naturellement d'autant plus énergique que le sujet se sent plus de
valeur en intelligence, talent et force. C'est ainsi
que le lion est le plus fier et le plus courageux
des animaux ; et parce qu'il est le plus fort et
parce qu'il a au plus haut degré la conscience de
sa force.

Appliquons à l'humanité ce principe, commun
à tous les êtres vivants, et qui constitue déjà un
premier fait.

Dans l'homme, la personnalité est plus énergique : il y a plus d'orgueil, plus de bravoure,

d'indépendance; le point d'honneur est plus susceptible; l'ambition, l'esprit de domination, l'instinct du commandement sont plus forts : c'est un des reproches que vous nous faites. — La femme, au contraire, est plus timide, et, ce qu'il y a de remarquable, cette timidité ne lui messied pas, elle n'en a point de honte; elle est dans sa nature quand elle se montre craintive et timide. Elle a, comme on dit, le don des larmes, qui la rend touchante comme la biche, mais que vous ne trouverez pas chez le lion ou le taureau, et rarement chez l'homme. Elle est plus docile, plus disposée à l'obéissance et à la résignation; elle affecte beaucoup moins l'empire, contente de régner, comme une fée, par le charme de sa figure et la vertu de sa petite baguette. Ce fait, vous ne le niez pas plus que l'autre, puisque c'est surtout à raison de ce fait que vous vous indignez contre les femmes, vos sœurs, que vous traitez de *bêtes* et de *lâches*.

C'est l'énergie morale de l'homme qui a établi la coutume du duel, inconnu à l'autre sexe; que dites-vous encore de ce fait-là?

C'est par un effet de ce même principe que la guerre a été organisée entre les nations, et considérée comme une des formes de la justice;

forme terrible, qui, c'est ma conviction et mon
espérance, doit tomber peu à peu en désuétude,
mais qui n'en est pas moins essentielle à la
constitution de l'humanité et à la manifestation
du droit. Mais ce sont choses qui dépassent
votre nature de femme, et que vous ne sauriez
comprendre.

Vous réclamez pour la femme, comme pour
l'homme, les fonctions de judicature. Apprenez
donc, une bonne fois, que toute judicature est
un démembrement de l'autorité militaire; de
même que toute législation est une déduction du
droit de la force. Réclamez donc aussi pour les
jeunes filles, comme pour les jeunes hommes,
le privilége de la conscription. Vous n'êtes pas
seulement en état de monter une garde.

Mais précisément parce que la femme a moins
d'énergie morale que l'homme, elle apporte à
sa justice un tempérament indispensable, sans
lequel notre état juridique ne se distinguerait
en rien de l'état de guerre; ce tempérament, ce
sont les idées de clémence, de tolérance, de pardon, de grâce, de réconciliation et de miséricorde, qui partout se mêlent à cette idée de
justice. L'homme incline davantage à faire prévaloir le droit pur, rigoureux, impitoyable; la

femme tend à régner par la charité et l'amour.
Telle est la pensée du christianisme, dans l'établissement duquel les femmes ont une si grande
part. C'est l'influence féminine qui apprend à
l'homme à se dessaisir volontairement d'une
partie de son droit, plus heureux de ce sacrifice
qui met le sceau à sa générosité qu'il ne l'eût
été d'une pleine et entière revendication. Ce dernier fait, vous ne le niez point, puisque vous êtes
les premières à vous prévaloir de ces trésors
d'amour, de charité, de miséricorde et de grâce
que Dieu a versés dans le cœur des femmes. Et
vous ne voyez seulement pas que ces qualités
morales de votre sexe, qui mettent le comble à
ses perfections, témoignent précisément, au
point de vue de la pure justice, de son infériorité.

J'ai osé dire, contrairement à l'opinion mise à
la mode par les chevalières du libre amour, que,
même en ce qui concerne la pudeur, la femme
avait reçu son initiation de l'homme. Là-dessus
grande rumeur parmi les affranchies, comme si
elles se souciaient le moins du monde de la pudeur. L'idée était pourtant bien simple; elle
n'a rien de paradoxal.

L'être intelligent et libre répugne à tout ce qui

lui rappelle l'animalité, et qui le fait aller de
pair avec les brutes. C'est pour cela que, dès
que sa conscience s'éveille, l'homme couvre sa
nudité, fait cuire ses aliments, évite, seul ou en
compagnie, tout ce qui lui semble *déshonnête*.
Il existe, à ce sujet, dans le *Pentateuque*, plus
d'une ordonnance d'une simplicité primitive, et
qu'il serait bon de rappeler à certaines nations
civilisées. Et plus la société avance dans la justice, plus elle se distingue dans l'art de manger,
de se vêtir; plus elle recherche la propreté et
l'urbanité; plus les individus apportent de réserve dans leur langage et dans leurs gestes.
Tout ce qui a rapport à l'amour rentre dans
cette catégorie.

Naturellement, l'individu fera d'autant mieux
cette distinction des choses honnêtes et des
choses honteuses; il sera, par conséquent, d'autant plus sensible à la grossièreté de son pro-
chain, à ce qu'il regarde comme un manque de
respect envers lui, qu'il aura un sentiment plus
énergique de son honorabilité. Les faits sont ici
d'accord avec les inductions de la théorie.

Pour ne parler que des rapports sensuels,
c'est une loi de la nature chez tous les animaux,
que la femelle, sollicitée par l'instinct de progé-

niture, et tout en faisant beaucoup de façons, cherche le mâle. La femme n'échappe point à cette loi. Elle a naturellement plus de penchant à la lasciveté que l'homme; d'abord parce que son moi est plus faible, que la liberté et l'intelligence luttent chez elle avec moins de force contre les inclinations de l'animalité; puis parce que l'amour est la grande, sinon l'unique occupation de sa vie, et qu'en amour, l'idéal implique toujours le physique. Comme preuves, j'ai cité, entre autres : 1º la coquetterie précoce des petites filles, en contraste avec l'antipathie que témoignent pour elle les petits garçons, et l'excessive timidité des jeunes hommes; 2º la prostitution, tant sacrée que profane, et le proxénétisme, incomparablement plus fréquent chez les femmes que chez les hommes; 3º les cas si rares de polyandrie, qui démontrent que si l'homme, à un certain moment de la civilisation, n'hésite pas à s'approprier, en tout bien tout honneur, plusieurs épouses toutes très-consentantes, lui, de son côté, ne consent pas à devenir, en compagnie de plusieurs autres, la propriété d'une même épouse; 4º enfin, la tendance des femmes à rabaisser le mariage au niveau du concubinat, par la prédominance de l'amour sur le droit, ainsi qu'il résulte, mesdames, de vos propres théories.

En tout cela, la femme est d'accord avec sa nature et sa destinée, et ce que j'en ai dit ne l'humilie pas. Elle est toute beauté et amour : comment n'aurait-elle pas l'initiative des choses amoureuses? Le même sentiment qui lui fait tempérer la justice sévère de l'homme, embellir sa demeure, poétiser ses conceptions, lui apprend à le distraire de ses pensées, de ses entreprises, de ses combats, pour vaquer avec elle à d'autres œuvres. Il faut qu'il en soit ainsi pour l'ordre de la société et leur félicité à tous deux. Heureux sentiment, quand l'idolâtrie d'amour ne leur fait pas oublier ce qu'ils doivent à la dignité sociale ainsi qu'à leur propre gloire.

Mais ici encore remarquez la différence entre les deux sexes : si l'homme, plus que la femme, a l'initiative de la pudeur, elle ne semble pas faite pour lui; c'est sa compagne qui sera chargée de conserver ce trésor. Chez l'un, la pudeur a disparu dans la victoire; chez l'autre, elle grandit après la défaite. La sainteté du foyer domestique sera l'œuvre de la femme; de cette sainteté de la famille sortira la vertu républicaine. Voilà pourquoi, chez les anciens peuples, la mère était honorée au-dessus de la Vierge, et paraissait même plus belle : *Gratia super gratiam, mulier sancta et pudorata*, dit la Bible. Le christianisme a renversé cet ordre : il a déclaré la femme mariée impure; il ne fait cas que de la pucelle; ce qui est le renversement de la nature, une atteinte à l'honneur de la famille et à la dignité de l'homme même.

Pourquoi faut-il, mesdames, que ce soit moi qui vous apprenne ces choses? Ah! c'est que l'impudence chez la prétendue savante aboutit à l'impudeur chez la femme. Vous jetez les hauts cris, parce que, sans vous nommer, attendu que je ne vous connaissais pas, j'ai traité d'*impures* les affranchies dont vous plaidez la cause, et vous prouvez, par toutes vos paroles, que si, par la force de la nature, vous êtes encore capables de rougir, vous avez perdu la juste notion de la pudeur. Ne dites-vous pas que la paillardise, l'adultère, la prostitution, ne sont pas plus une faute pour la femme que pour l'homme, et que, si le péché de l'un jouit d'une si grande tolérance, celui de l'autre ne doit pas paraître moins excusable? Cette inégalité, que l'opinion de tous les peuples a mise entre l'incontinence de l'homme et l'impudicité de la femme, n'est-elle pas un des principaux griefs dont vous chargez la tyrannie maritale? Folles, et trois fois folles, qui ne comprenez pas qu'en revendiquant pour la femme une pareille immunité, vous lui élevez un piédestal... dans la boue. Et à qui donc votre dessein est-il de plaire quand vous aurez conquis pour votre sexe semblables *droits?* Est-ce à des hommes ou à des singes?

Je résume toute cette analyse en deux mots :

L'homme est principalement une puissance d'ACTION; la femme, une puissance de *fascination*. De la diversité de leurs natures dérive la diversité de leurs qualités, de leurs fonctions, de leurs destinées. Comment ces qualités, ces fonctions, ces destinées s'engrènent-elles pour former le couple? En autres termes, quelle est la loi, quel est le but du mariage? C'est ce que nous allons examiner maintenant.

III

*Rapport des deux sexes. — Eclcsion de la cons-
cience. — Fondement de l'ordre politique.*

Jusqu'à présent, il me semble que la femme
n'est pas trop mal partagée. Si les anges du paradis, que les savants théologiens prétendent
être privés de sexe, recevaient de l'Éternel
l'ordre de descendre sur la terre et d'y revêtir
notre chair, mais avec la faculté d'opter pour
notre sexe ou pour le vôtre, ne pensez-vous pas,
mesdames, que ces esprits célestes aimeraient
mieux naître femmes que de devenir hommes?

Mais on s'inquiète du sort d'une créature dont
le métier est de se montrer en tout belle, gra-
cieuse, douce, modeste, discrète, aimante, sé-
duisante, dévouée, capable au besoin d'un effort
d'héroïsme, et obligée, pour subsister, de s'unir
à un être plus fort qu'elle, et qui, par conséquent, ne brille pas précisément par les mêmes
qualités. Car, il n'y a pas à dire, l'union est
forcée.

Au point de vue de l'intelligence et de la conscience, comme à celui du corps, l'homme et la femme forment un tout complet, un être en deux personnes, un véritable organisme. Ce couple, nommé par Platon *androgyne*, est le vrai sujet humain. Considérée à part, chacune des deux moitiés qui le composent paraît une mutilation. Vous ne le niez pas, vous, mesdames, qui vous prévalez de ce joli mot *androgyne, homme-femme*, pour en conclure ce que vous appelez l'égalité des sens. Remarquez pourtant que cette androgynie n'existerait pas, si les deux personnes étaient égales en tout, si elles ne se distinguaient pas chacune par des qualités spéciales dont l'engrenage constitue précisément l'organisme.

Dans cette existence à deux, les puissances de l'esprit, de la conscience et du corps acquièrent, par leur séparation même, plus d'énergie : c'est une première application faite par la nature même du grand principe de la division du travail. L'expérience prouve qu'en effet le résultat est plus grand pour la félicité des conjoints, quand leur action commune est divisée en deux départements : l'un matériel et utilitaire, l'autre animique et esthétique; l'un pour le dehors, l'autre

pour le dedans. Si la production totale en est
diminuée, la consommation est mieux faite; si
l'invention philosophique est plus lente, les
actions gagnent à être concretées et rendues
familières; si le progrès du droit éprouve quelque retard, il devient plus humain par la tolérance et la charité.

Pénétrons plus avant dans ce système que j'ai
appelé l'organe, créé par la nature même de la
justice.

Quels seront les droits et devoirs respectifs
des époux ?

Dans tous ses rapports avec son semblable,
l'homme exige service pour service, produit pour
produit, conseil pour conseil, droit pour droit.
La loi qui le régit est la loi du talion, la loi terrible de la concurrence, de la lutte, ou, ce qui
revient absolument au même, de l'équilibre des
forces.

De l'homme à la femme, en raison de la diversité de leurs dominants, les choses ne se passent
plus de même. D'abord, l'homme ne peut pas
exiger de la femme travail pour travail, corvée
pour corvée, produit pour produit, puisqu'elle
est plus faible. Dans ces conditions, elle serait
traitée fatalement en inférieure; et, savez-vous

ce qui résulte, pour une créature humaine, de
son infériorité à tort ou à raison déclarée ? L'af-
franchissemant? non, l'esclavage! Voyez les
nègres dans les colonies, voyez l'état de la femme
chez les sauvages !

Qu'est-ce donc que la femme peut donner à
l'homme en échange de son travail, de cette richesse qu'il crée, de toutes ces merveilles qu'il
invente? Sa beauté, allez-vous dire, ses attraits,
ses grâces, son amour, son idéalisme, toutes les
séductions de son corps, de son âme et de son
esprit. Propos de mercenaire, qui croit qu'on
trafique de la beauté, de l'amour et de l'idéal
comme de la viande et du poisson.

M. Enfantin, votre maître, qui a tant parlé de
l'amour et dont les disciples ont fait depuis le
coup d'État de si magnifiques affaires, n'a jamais
su discerner ces deux éléments : le beau et
l'utile. Il ne vous a pas dit que la beauté et
l'utilité étaient deux notions irréductibles, d'où
cette conséquence, qu'elles ne s'échangent point;
qu'il ne peut pas y avoir tradition de la beauté
comme d'une valeur en marchandises ou en
espèces; que la femme, enfin, ne saurait payer
les cadeaux de l'homme par aucune prestation
de ses charmes, attendu que ces charmes ne sont

pas une chose qui se compte, se mesure, un produit de l'industrie dont on peut calculer les frais,
c'est un don de la nature, immatériel, qui ne se
peut livrer et qui n'a rien coûté à produire.

Je vous l'ai dit, et jamais personne n'avait
élevé si haut votre sexe. Toutes les œuvres de
l'homme, celles même du magistrat assis pour
prononcer le droit, sont rémunérables; toutes les
richesses données par la nature peuvent être
échangées; les biens que la femme promet à
l'homme et dont elle a le dépôt sont seuls hors
prix.

Est-ce qu'on paye la charité, la clémence, le
pardon, la miséricorde? Les payer, c'est les
anéantir; le ministre qui trafique des concessions
de l'État est un concessionnaire; le juge qui
arrête, moyennant finance, la vindicte de la loi,
est un prévaricateur.

Est-ce qu'on vend la pudeur? La pudeur qui
se vend, vous savez comment on l'appelle, c'est
la prostitution.

De même la beauté, mot par lequel je résume
toutes les prérogatives de la femme, ne se vend
ni ne s'escompte : elle est hors du commerce.
C'est pourquoi entre l'homme et la femme qui
s'épousent, il n'y a pas, ainsi qu'on l'a dit et que

vous l'imaginez, association de biens et de gains
comme entre négociants ou propriétaires : il y a
don mutuel et gratuit, dévouement absolu. Le
contrat de mariage est donc d'une tout autre
nature que le contrat de vente, d'échange ou de
loyer : c'en est le renversement.

L'homme, expression de la force, est attiré
par la beauté. Il veut se l'approprier, s'unir à
elle d'une union indissoluble. Comment l'ob-
tiendra-t-il ? Quel prix en offrira-t-il ? Aucun.
Rien de ce que possède l'homme, de ce qu'il
peut créer ou acquérir, ne saurait payer la
beauté. Les caresses mêmes de l'amour ne sont
pas un prix digne d'elle : des amants qui se
prennent pour cause de volupté sont des égoïstes,
leur union n'est point un mariage, la conscience
universelle l'a appelée fornication, paillardise,
libertinage. L'homme digne, dont le cœur aspire
à la possession de la beauté, comprend de suite
une chose, c'est qu'il ne peut l'obtenir que par
le dévouement. Lui qui a la force, il se met aux
pieds de la femme, il lui consacre son service et
se fait son serviteur. Lui qui la sait faible,
enivrée d'amour, il devient respectueux, il
écarte toute parole, toute pensée de volupté. Sa
fortune, son ambition, il les sacrifiera pour lui

plaire; il n'y a que sa conscience qu'il ne sacrifiera pas, parce que sa conscience est sa force et
que c'est dans l'union de la force et de la beauté
que consiste le mariage. Dévouement absolu,
dévouement d'une conscience forte et sans
tache, voilà, en réalité, tout ce que l'épouse offre
à son époux, la seule chose qu'il puisse offrir et
qu'elle, de son côté, puisse accepter.

Même mouvement du côté de la femme. Autant elle a en prédominance la beauté, autant
elle a d'inclination pour la force. Cette force, si
désirable, elle la redoute d'abord ; tout être faible
éprouve une certaine crainte de l'être fort. Pour
apprivoiser, dompter cette force, l'offre de sa
beauté ne servirait de rien, elle aurait fait acte
de prostitution. Pour conquérir la force de
l'homme, la beauté de la femme est aussi impuissante que la force elle-même est impuissante
à conquérir la beauté. Ici, comme tout à l'heure,
il ne reste qu'un moyen : le dévouement.

Dévouement pour dévouement, à la sollicita-
tion de l'attrait qu'éprouve l'une pour l'autre la
force et la beauté ; tel est donc, en définitive, le
pacte conjugal, de tous les pactes le plus sublime, à l'imitation duquel se feront plus tard
les pactes de chevalerie. Voyez-vous comment à

la volupté, à l'amour, s'est substitué un sentiment plus élevé, sentiment qui n'exclut pas la
volupté et l'amour, mais qui leur commande, qui
les subalternise et les efface, et au besoin les
supplée? Voilà, mesdames, le mariage, que vous
me paraissez ne connaître ni l'une ni l'autre. Hors
de là, prenez note de mes paroles, il n'y a pour
la femme que honte et prostitution. L'homme et
la femme qui se sont ainsi épousés savent, vous
pouvez m'en croire, ce que c'est que justice :
aucune félonie n'entrera dans leur commune
conscience. Il faudrait pour cela qu'ils redevins-
sent, d'un commun accord, ce qu'ils n'ont pas
voulu être, ce qu'ils se sont juré de n'être jamais,
d'impurs concubinaires. Leur mariage est une
colonne de plus à ce temple éternel de l'humanité que le Christ voulait fonder en nos âmes, et
que je vous accuse, vous et vos adhérents, de
détruire.

Voulez-vous maintenant que nous tirions les
conséquences de ce contrat de mariage? Serrons-
en d'abord et de plus près le principe.

L'homme et la femme, que l'amour semblait
devoir gouverner exclusivement, ont fini par
s'engager sous une loi plus élevée, qui est celle
du dévouement. Mais dévouement à quoi? en

quoi? pourquoi? Cette question demande qu'on l'éclaircisse; puisque, comme nous l'avons observé, ce n'est pas en monnaie, bijoux ou autres valeurs, que l'homme paye les joies de l'amour et la possession de la beauté; et que d'autre part, grâce au progrès de la civilisation, la jeune fille n'attend pas précisément, pour subsister, le dévouement d'un mari; ni le jeune homme, pour soigner et blanchir son linge, le dévouement d'une femme. De quelle espèce est alors ce dévouement, et sur quoi porte-t-il?

La détermination que nous avons faite des qualités respectives de l'homme et de la femme va nous donner la réponse.

L'homme représente en prédominance la force physique, intellectuele et morale; la femme représente en prédominance, à ce triple point de vue, la beauté.

Donc en s'épousant sous la loi d'un dévouement réciproque, l'homme et la femme se dévouent, le premier au culte de la beauté dans la personne de son épouse; la seconde, au respect de la force dans la personne de son époux; tous deux au développement de la force et de la beauté dans leurs enfants.

En effet, celui qui se dévoue à une personne

ou à une œuvre, s'engage à servir cette personne ou cette œuvre suivant leur nature et selon ses propres facultés : ce qui implique en outre pour lui-même l'obligation d'entretenir ses facultés dans le plus parfait état. Or, nous avons dit que l'homme et la femme, comparés l'un à l'autre, pouvaient se définir, le premier, une nature en prédominance de force, la seconde, une nature en prédominance de beauté. Par conséquent l'homme et la femme, se dévouant l'un à l'autre, s'engagent réciproquement, celui-là à suivre sa femme selon ses inclinations, qui sont la beauté, la tendresse, la grâce, l'idéal, et pour cela, à se rendre lui-même de plus en plus homme ; celle-ci à servir son mari selon son tempérament, qui est la force, et pour cela à se rendre elle-même de plus en plus femme. Plus, en se rendant réciproquement tous les services que comporte un dévouement absolu, ils s'approcheront chacun de son type, plus, par cette différenciation croissante, leur union deviendra intime, et moins aussi le dévouement leur pèsera. Telle est la loi, dans son expression la plus précise et la plus générale : sa portée est immense.

1° L'union conjugale sera des deux parts monogamique et indissoluble. Les raisons en sont

aisées à déduire. Là où le dévouement est par-
tagé, il cesse d'être. Une femme soi-disant dévouée
à plusieurs amants n'est, en réalité, dévouée à
aucun ; un homme soi-disant dévoué à plusieurs
maîtresses n'est, en réalité, dévoué à aucune. Et
non-seulement par cette polygamie le dévouement est anéanti, l'homme et la femme sont
amoindris dans leur dignité. L'homme est personnel, volontaire, impérieux, exclusif ; il fait de
sa femme son confident, son confesseur, le dépositaire de sa fortune et de ses besoins, l'oracle
de sa conscience. Partager l'amour de sa femme
ce serait sacrifier son honneur et son amour
même. De son côté, la femme n'a de valeur que
par la chasteté ; sa gloire est dans la fidélité de
son mari ; comment, en perdant l'une, s'expose-
rait-elle à perdre aussi l'autre ? Les époux sont
l'un pour l'autre des représentants de la divinité ;
leur union fait leur religion : toute polygamie est
est un polythéisme, une idée contradictoire, une
chose impossible.

2° L'exclusion en amour entraîne la séparation des ménages, sans laquelle l'intimité conjugale serait à chaque instant violée, exposée à la
honte et à la trahison. La monogamie admise,
personne ne niera cette conséquence, la commu-

nauté du ménage peut se supporter entre parents
et enfants, parce que des parents aux enfants il
n'y a pas lieu à amoureuse convoitise ; parce que
d'un autre côté, le but du mariage est de constituer la famille, et que des parents aux enfants
la famille ne fait que se continuer ; elle est la
même.

3º Le ménage formé, l'homme est chargé du
travail, de la production, des relations exté-
rieures ; la femme a l'administration du dedans.
Ce partage est déterminé par les qualités respectives des époux. Au plus fort, l'action, la lutte, le
mouvement ; à celle qui brille et qui aime, mais
qui ne doit briller que pour son époux, n'aimer
que lui, les soins domestiques, la paix et la
pudeur du foyer. Tous deux sont responsables,
et partant libres dans leurs fonctions ; toutefois
le mari aura droit de contrôle sur la femme,
tandis que la femme n'a que celui d'aider, aviser,
informer son mari. La raison de ceci est manifeste : la tenue du ménage dépend beaucoup plus
de la production virile que celle-ci ne dépend de
celle-là, et comme l'homme est chargé du travail
principal, qu'il a la supériorité de puissance,
que la responsabilité qui lui incombe est plus
grande, il se trouve constitué, du droit même de

la puissance, CHEF de la communauté. Et le droit aussi bien que le devoir de la femme, est de reconnaître cette puissance, d'en réclamer les actes, de la provoquer, de la servir, de s'y dévouer. Otez cette prépotence maritale, ôtez le dévouement de la beauté à la force, vous retombez dans le concubinat, vous détruisez le mariage.

4° C'est maintenant que nous allons observer l'influence du mariage sur le développement de la justice. Chef de communauté, le nouvel époux sent croître en lui la personnalité, l'ambition, l'esprit d'entreprise, la fierté du caractère, l'indépendance de l'esprit. Son énergie s'augmente à la fois, et du secours que lui apporte sa femme, et de l'effacement même de celle-ci, ou, si l'on aime mieux, de la discrétion avec laquelle elle se produit. Puis la fougue amoureuse se calme, la volupté est subalternisée par le travail, par la présence des enfants et les perspectives de l'avenir ; au règne éphémère de l'amour a succédé, pour le reste de la vie, le règne plus sérieux de la conscience. C'est pourquoi j'ai pu dire, en un sens, qu'entre honnêtes gens on ne parle pas d'amour, et que moins l'amour tient de place dans l'existence, plus il y a de chances pour la félicité. Nous verrons tout à l'heure l'effet de cette métamorphose.

5° L'homme, par ses seuls efforts, aurait peine à subvenir à ses propres besoins; à plus forte raison aurait-il peine à subvenir à l'entretien de sa femme et de ses enfants. Il faut qu'il combine son industrie avec l'industrie de ses pareils. De là la société politique, dont la famille n'est que l'embryon. Cette société a ses lois et sa destinée propre que la philosophie connaît encore fort peu ; mais on ne saurait douter qu'elle n'ait aussi pour but, d'une part, l'accroissemeut de la dignité et de la liberté virile, de l'autre, l'augmentation de la richesse, et par suite celle du bien-être de tous. Le rapport des familles à l'État, en un mot la *République*, tel est, pour le sexe mâle, le problème à résoudre. Les femmes n'y interviennent que d'une manière indirecte, par une secrète et invisible influence. Comment en serait-il autrement? Organe embryonnaire de la justice, les époux ne font qu'un corps, une âme, une volonté, une intelligence; ils sont dévoués l'un à l'autre à la vie et à la mort; comment seraient-ils d'une opinion ou d'un intérêt différent? D'autre part, la question politique, qui rapproche les familles, n'est à autre fin que de constituer leur solidarité, et de leur assurer toutes les garanties de liberté, de propriété, de travail, de commerce, de sécurité, d'instruction, d'information, de circulation, qu'ils réclament, toutes choses qui relèvent exclusivement des attributions de l'homme. Comment les femmes seraient-elles nominativement consultées? Supposer que la femme puisse exprimer dans l'assemblée du peuple un vote contraire à celui de son mari; c'est les supposer **en** désaccord et préparer leur divorce. Supposer que la raison de la première puisse balancer celle du second, c'est aller contre le vœu de la nature et dégrader la virilité. Admettre enfin, à l'exercice des fonctions publiques une personne que la nature et la loi conjugale ont pour ainsi dire consacrée à des fonctions purement domestiques, c'est porter atteinte à la pudeur familiale, faire de la femme une personne *publique*, proclamer de fait la confusion des sexes, la communauté des amours, l'abolition de la famille, l'absolutisme de l'État, la servitude des personnes et l'inféodation des propriétés.

Voilà comment s'établit la subordination de l'épouse à l'époux dans le mariage. Cette subordination n'a rien du tout d'arbitraire ; ce n'est ni une fiction légale, ni une usurpation de la force,

ni une déclaration d'indignité pour le sexe le
plus faible, ni une exception commandée par les
nécessités de l'ordre domestique et social au droit
positif de la femme : elle résulte, cette subordination, de ce fait patent et incontestable, que les
attributions viriles embrassent la grande majorité
des affaires, tant publiques que domestiques;
elle ne constitue pas, du reste, pour l'homme, au
détriment de la femme, la moindre prérogative
de bien-être ou d'honneur; tout au contraire, en
lui imposant la charge la plus lourde, elle fait de
lui le ministre de la fidélité féminine, de laquelle
seule il doit tirer ensuite la sienne.

Changez, modifiez, ou intervertissez, par un
moyen quelconque, ce rapport des sexes, vous
détruisez le mariage dans son essence; d'une
société en prédominance de justice vous faites
une société en prédominance d'amour; vous retombez dans le concubinat et la papillonne; vous
pouvez avoir encore des pères et des mères,
comme vous avez des amants, mais vous n'aurez plus de famille; et sans famille, votre constitution politique ne sera plus une fédération
d'hommes, de familles et de cités libres, ce sera
un communisme théocratique ou pornocratique,
la pire des tyrannies.

Pour rendre ceci plus sensible, supposons que la nature, qui, d'après moi, par la manière dont elle a doté les deux sexes, a constitué le mariage, et la famille, et la société civile, tels que nous les voyons, ou que du moins il nous est facile d'en déterminer les types, supposons, dis-je, que cette même nature ait voulu établir la société humaine sur un autre mode. Qu'avait-elle à faire? Le plan qu'elle a suivi nous indique celui qu'elle a rejeté : c'était de répartir également toutes les facultés entre les sexes, de leur donner à tous deux puissance égale et beauté égale; de rendre la femme vigoureuse, productrice, guerrière, philosophe, juge, comme l'homme; l'homme, joli, gentil, mignon, agréable, angélique et tout ce qui s'ensuit, comme la femme; en un mot, de ne laisser subsister de différence entre eux que celle de l'appareil génital, dont il paraît que personne ne se plaint, et sans lequel, quoi que disent les mystiques, on ne conçoit pas l'amour.

Dans ces conditions, il est clair que l'homme et la femme, ayant chacun la plénitude d'attributions que nous ne trouvons aujourd'hui que dans le couple, égaux en tout l'un à l'autre et similaires, moins ce que je n'ai pas besoin de dire, seraient dans des relations tout autres que celles que suppose actuellement le mariage. L'homme ne serait pas dévoué à la beauté qu'il possèderait ; la femme ne se dévouerait pas davantage à la force, qui lui aurait été également dévolue en partage. L'influence qu'ils exercent, dans l'état présent de leur constitution l'un sur l'autre, ne serait plus la même : il n'y aurait entre eux ni admiration, ni culte, aucune inclination dévotieuse ; nul besoin d'approbation, de confidence, ou d'encouragement, pas plus que de protection, de service ou d'appui. Les choses redeviendraient entre l'homme et la femme ce que nous les voyons entre personnes de même sexe : service pour service, produit pour produit, idée pour idée. Sans doute il y aura de l'amour, puisque nous conservons, dans ce but exprès, la distinction sexuelle. Mais ils seront affectés d'une autre manière : leur amour n'ira pas au delà de l'excitation voluptueuse ; il n'aura rien de commun avec la conscience qu'il primera ; n'étant pas tranformé par le dévouement le plus absolu, il ne tendra pas à la monogamie et à l'indissolubilité. Il se tiendra dans la zone de la liberté et du concubinat, n'éveillant aucune jalousie, excluant toute idée d'infidélité, s'exaltant au contraire par l'émulation des bonnes fortunes ; en sorte que la ten-

dance générale sera vers une communauté plus
ou moins accusée d'amours, d'enfants, de ménages, dans une famille unique qui sera l'État.

Cette organisation, en dehors de la monogamie
et de la famille, a été rêvée par tous ceux qui,
comme nos émancipées et nos émancipateurs modernes, ont cru à l'égalité de puissance et de
beauté dans les deux sexes; les mystiques l'ont
placée dans le ciel, où, disent-ils, il n'y aura
plus ni mâles ni femelles; de nos jours, elle
semble à une foule de personnes, même fort
instruites, l'unique moyen de détruire l'antago-
nisme, et par suite d'éteindre le crime et la misère. Mais une pareille société subsisterait-elle ?
J'ose affirmer qu'elle serait cent fois pire que la
nôtre; pour mieux dire, je la soutiens radicalement impossible.

La société subsiste par la subordination de
toutes les forces et facultés humaines, individuelles et collectives, à la justice. Dans le système que je viens d'esquisser, l'individu, ayant
en soi la plénitude d'attributions que la nature,
ainsi que nous avons pu nous en convaincre, n'a
accordée qu'au couple, serait inabordable dans
sa personnalité; l'élément idéaliste deviendrait
en lui prédominant; la conscience serait subal-

ternisée ; la justice réduite à une idée pure ; l'amour, synonyme de volupté, une simple jouissance. Alors éclaterait, avec une violence indomptable, la contradiction entre l'individu et la société : ce même sujet, qu'on se flattait d'enchaîner à l'ordre public par la communauté d'amours, de femmes, d'enfants, de familles, de ménages, répugnerait d'autant plus au communisme social qu'on l'aurait plus complétement affranchi. Il est possible que l'on ne se battît pas pour les femmes, puisque, d'après l'hypothèse, et eu égard à la constitution physique et morale de l'individu, il n'y aurait pas de jalousie ; mais la compétition serait d'autant plus ardente pour le butin, la richesse, le confort et le luxe, toutes choses dont la production resterait soumise aux mêmes lois, et, dans une société livrée à l'amour et à l'idéal, serait encore plus insuffisante qu'aujourd'hui. Établissez, avec la communauté des amours, l'universalité du célibat, et, je ne crains pas de le dire, vous aurez un surcroît de consommation, moins de travail, moins d'épargne, partant plus de misère ; en dernière analyse, à la place d'une société policée, une société vouée au brigandage ou, sinon, à la plus dégradante servitude. Ce résultat, pour tout homme qui a réfléchi sur les rapports de la famille, du mariage, du travail, de la production et de l'accumulation de la richesse, ainsi que sur les conditions de la justice dans la Société, est aussi certain que deux et deux font quatre.

Ainsi se confirme, par le développement de l'idée contraire, la théorie du mariage. La société, c'est-à-dire l'union des forces, repose sur la justice. La justice a pour condition organique un dualisme, hors duquel elle se réduit bientôt à une notion pure, inefficace. Ce dualisme, c'est le mariage, formé par l'union de deux personnes complémentaires l'une de l'autre, et dont l'essence est le dévouement, le préparateur l'amour.

Ainsi se résout cette contradiction apparente, qui dit à l'homme : *commander, pour mieux servir;* à la femme : *obéir, pour mieux régner,* contradiction qui exprime avec tant de force l'engrenage matrimonial, et contient toute la loi et le mystère du sacrement. Le monde est plein de ces oppositions ; il ne vit, il ne progresse que par là. Si le sens de la fameuse maxime, *le roi règne et ne gouverne pas,* n'est obscur que pour les démagogues qui aspirent au pouvoir absolu, à plus forte raison ces deux propositions : *commander, pour mieux servir; obéir, pour mieux régner*, doivent paraître claires à tout homme qui a le sentiment de son devoir et de son droit, à toute femme qui a le respect de son mari et de sa propre dignité. Il y a seulement cette différence entre la royauté constitutionnelle et le mariage, qu'ici nous n'avons fait que constater l'ordre même de la nature, tandis que là il ne s'agit encore, et sauf plus ample informé, que d'une création de l'entendement, d'une théorie pure, d'une fiction. Jusqu'à présent, mesdames, il me semble que mes observations ne manquent pas d'exactitude, ni mes raisonnements de justesse. En tous cas, vous ne pouvez m'accuser de partialité et vous plaindre que je fasse tort à votre sexe, puisque toujours, en regard d'une prépotence masculine, je constate une prééminence féminine; qu'en échange du dévouement que je demande à la femme, j'impose à l'homme l'obligation d'un dévouement encore plus grand. Qu'est-ce donc encore une fois qui vous offusque? Si vous ne réclamez véritablement que votre droit, le voilà : égalité de fortune et d'honneur; développement et triomphe de vos facultés les plus précieuses; juste part d'influence; moins d'initiative dans les choses de la politique et de l'économie, mais aussi moins de responsabilité;

en résultat le règne, moins les fatigues et les périls de la conquête. Que vous faut-il de plus? Et pourquoi toute cette colère?

Lorsque, résumant en deux mots, réunis par une disjonctive, la théorie du mariage et la destinée de la femme, j'ai prononcé, contre certaines tendances de notre époque, et par forme de conclusion, cette énergique parole : *courtisane ou ménagère*, vous n'aviez réellement qu'à applaudir. Lorsque ensuite, dans mon indignation croissante, j'ai ajouté cette formule imprécatoire : *plutôt la réclusion que cette prétendue émancipation pour la femme !* vous deviez, si vous eussiez eu le moindre respect de votre sexe, me reprendre et dire, comme aurait fait Lucrèce : PLUTOT LA MORT ! Lorsqu'enfin, décidé à venger la pudeur publique des outrages de quelques émancipées, je les ai appelées des *impures que le péché a rendues folles*, vous n'aviez qu'à vous taire, et ne pas donner au public sujet de penser que la qualification était pour vous.

Au lieu de cette conduite, la seule qui convient à d'honnêtes femmes, il vous a plu, soutenues par les encouragements de quelques castrats littéraires, de relever le défi; ce qu'il y a de plus curieux, vous vous posez en calomniées : « nous voilà deux, qui ne sommes ni impures ni folles, et qui affirmons, revendiquons et poursuivons l'affranchissement de la femme. Nous défions qui que ce soit de répondre à cela. »

Oh! mesdames, point d'équivoque, s'il vous plaît. Ne vous faites pas plus offensées que vous ne l'êtes, ni moi plus insolent que je ne suis. Je ne vous connaissais ni l'une ni l'autre quand j'ai fait mon livre, et je ne vous connais pas davantage aujourd'hui. J'aime à croire que votre vertu à toutes deux n'a pas franchi certain fossé qu'elle ne repasse plus : vous, madame J*** L***, je m'en rapporte à celui que la loi du mariage a étabi gardien et répondant de vos mœurs; plût à Dieu qu'il eût aussi bien gardé votre plume!... Vous, madame Jenny d'H***, je vous crois sur parole, et vous dispense ? ⸳ produire vos pièces. Je crois plus volontier ⸳ l'égarement de votre esprit qu'à la corruption de votre cœur. Il se peut que, parmi les promotrices de l'émancipation féminine, il s'en trouve d'autres dans le même cas que vous : que celles-là prennent aussi pour elles acte de ma déclaration. Je juge les dispositions, non les actes. Cela dit, permettez-moi, mesdames, de vous rappeler à la pensée que donne ma critique, et qui a motivé cette épithète d'*impures*, trop bien justifiée par la plupart des femmes célèbres de notre siècle et du précédent, et contre laquelle vous protestez en vain. Cette pensée est que toute femme qui rêve d'*émancipation* a perdu, *ipso facto*, la santé de l'âme, la lucidité de l'esprit et la virginité du cœur; qu'elle est en voie de péché: je ne vais pas au delà. Et puisque vous aimez la franchise, et que vos provocations m'y contraignent, j'oserais vous dire, mesdames, que vos deux publications, si elles sont de vous, confirment la règle. C'est ce que je vous démontrerai tout à l'heure.

IV

Physiologie de la femme émancipée.

La nature est toute puissance et toute harmonie. Mais ses œuvres, selon la juste observation
de Raphaël, ne sont pas toujours telles qu'elle
les veut : elles portent bien souvent le signe de
la faiblesse et de la laideur. C'est une des raisons
pour lesquelles la nature a créé l'homme : tout
en se glorifiant elle-même par la production de
ce chef-d'œuvre, elle s'est donné en lui un con-
templateur et un critique, assez intelligent pour
saisir les lois de la création et en concevoir
l'idéal; assez fort pour en réparer les défectuo-
sités et en guérir les blessures, mais trop faible
cependant, et de corps et d'esprit, pour la changer elle-même et la détruire. L'homme lui-même,
dernier né de la nature, chargé de mettre à
l'ordre du monde la dernière main, l'homme, tel
qu'il se manifeste, n'est pas plus que les autres
créatures, parfaitement conforme à son type.
Aussi son œuvre de réparation commence et finit

par sa propre personne : le progrès de là justice dans l'humanité est le principe et la fin de toutes choses.

Ce qui rend la création de l'homme, conformément à son type, plus difficile qu'aucune autre, c'est la manière dont la nature l'a constitué dans ce double élément, la force et la beauté. Dans la totalité de l'espèce, la force et la beauté sont données en proportions égales. Mais l'espèce humaine n'agit pas seulement comme être collectif, elle agit encore, et surtout, par ses divisions. Il y a des mâles et des femelles, des races, des nations, des familles et des individus.

Le sexe mâle a plus de puissance; le sexe femelle manifeste plus de beauté et plus d'idéal : dans quelles proportions, l'un et l'autre? C'est ce qu'il serait d'une excessive difficulté, pour ne pas dire d'une grande témérité, de déterminer.

Chez certaines nations, les hommes paraissent plus forts que chez d'autres, les femmes plus femmes : de là, cette expression des ethnographes, que l'*élément masculin* est plus développé d'un côté, tandis que de l'autre c'est l'*élément féminin*. M. le docteur Clavel, dans son savant ouvrage sur les *Races humaines*, fait voir que le caractère anglais pèche par excès de virilité, et le caractère français par excès de féminisation. Le type germanique, d'après la description qu'en fait cet écrivain, paraîtrait l'un des mieux équilibrés dans son double élément. Ces inégalités sont dues à deux causes : l'influence des milieux, dont la loi est prépondérante dans la création et le développement du règle animal ; l'influence des institutions, c i agissent à leur tour comme les milieux mêmes.

Il suit de là qu'une nation, après avoir débuté avec une énergie virile, peut s'*efféminer*, et par là même déchoir : c'est ce qui est arrivé aux Perses après Cyrus, aux Grecs, après la guerre du Péloponèse ; aux Romains eux-mêmes, à la suite de leurs immenses conquêtes et de leurs guerres civiles. Par la même raison, si une race peut s'efféminer, elle peut aussi, par le travail, la philosophie et les institutions, se viriliser davantage : c'est ce qui est arrivé pour les Français du Tiers-État, dans cette période à jamais glorieuse qui s'étend de la mort du cardinal de Fleury (1743) à celle de Louis XVIII (1824). On ne saurait dire que ce mouvement se soit aussi bien soutenu de 1825 à 1860 ; mais le travail peut être repris.

Cette oscillation de l'élément masculin à l'élément féminin, en autres termes, de la force à la beauté, de la politique à l'art, du droit à l'idéal, indique les limites de la puissance de l'homme sur lui-même, la sphère de son action, et les deux extrêmes entre lesquels il doit trouver son juste tempérament.

De même que l'homme, dans ses manifestations, n'est pas toujours fort d'une virilité suffisamment accentuée, la femme n'est pas non plus toujours belle : au moral, comme au physique, elle est sujette à mille laideurs. Souvent elle tombe au-dessous d'elle-même : elle est *lâche*, *molle* et *bête*, comme dit George Sand. On dirait alors qu'elle abuse de la permission de la nature, qui la veut, non pas inepte, mais relativement plus faible, et partant plus belle que son compagnon. Parfois aussi un phénomène contraire se produit. Tandis que l'homme s'avilit en se plongeant dans les *délices de Capoue*, on voit la femme s'*émanciper* ; prendre, comme dit la Bible, le vêtement de l'homme, affecter les formes, le langage, les allures de la virilité, et aspirer à en exercer les fonctions.

Partout et dans tous les temps, on rencontre de ces créatures excentriques, ridicules dans leur sexe, et insupportables au nôtre : elles sont de

plusieurs espèces. Chez les unes, ce *chic* masculin est l'effet du tempérament et d'une grande
vigueur corporelle : on les appelle des *virago*. Ce
sont les moins à craindre ; elles ne font pas de
prosélytes, et il suffit de la critique des autres
femmes pour les ramener à l'ordre. Chez d'autres,
la tendance à l'émancipation procède, ou d'un
travers d'esprit, ou de la profession qu'elles
exercent, ou bien enfin du libertinage. Celles-ci
sont les pires : il n'y a pas de forfait auquel
l'émancipation ne les puisse mener. A certaines
époques, l'esprit de secte s'en mêle ; la défaillance
des mœurs publiques vient compliquer le mal :
la lâcheté des hommes se fait l'auxiliaire de
l'audace des femmes ; et nous voyons apparaître
ces théories d'*affranchissement* et de promiscuité,
dont le dernier mot est la PORNOCRATIE. Alors
c'est fini de la société.

La pornocratie se combine très-bien avec le
despotisme, même avec le militarisme : l'empire
romain en fournit un exemple chez Élagabale.
La pornocratie s'unit également à la théocratie :
C'est ce que tentèrent les Gnostiques au 1er et
au IIe siècle de notre ère, et à quoi tendaient
également, en plein XVIIe siècle, les mystiques.
De nos jours, on a vu la pornocratie s'allier à la

bancocratie! Malthus et Enfantin sont la double expression de la décadence moderne. Mais l'heure est passée ; et le monde, qui regarde avec indifférence s'affaisser la théocratie papale, tourne le dos à la pornocratie malthusienne.

Vous ne vous plaindrez pas, mesdames, que je traite vos idées comme choses de peu d'importance, en homme qui n'aurait pas sondé et mesuré la haute portée de vos doctrines. Je sais de quel esprit vous êtes et ne fais aucune difficulté d'avouer que c'est cet esprit, esprit de luxure et de dévergondage, esprit de confusion et de promiscuité qui, depuis trente-cinq ans, a été la peste de la démocratie et la cause principale des défaites du parti républicain. Aussi je tiens à ce que le public vous juge, *intus et in cute*.

Commençons par les cas non douteux.

Parent Duchâtelet, dans son livre de la *Prostitution*, a remarqué que les filles publiques étaient gloutonnes, portées à l'ivrognerie, insatiables sangsues, immondes, paresseuses, querelleuses, d'un bavardage décousu et insupportable. A ces traits on reconnaît la femme retombée à l'état de nature ou de simple femelle. D'où vient cette déchéance? De la fréquentation excessive des hommes, qui leur fait perdre, avec la réserve, la timidité, la diligence, la qualité essentielle du sexe, celle qui fait l'âme et la vie de l'honnête femme, la pudeur. Parent Duchâtelet aurait pu ajouter que la figure de ces femmes s'altère dans le même sens que leurs mœurs : elles se déforment, prennent le regard, la voix et l'allure des hommes, et ne conservent de leur sexe, au physique comme au moral, que le gros matériel, le strict nécessaire.

— Qu'y a-t-il de commun, allez-vous me dire, entre nous et ces prostituées ?

Je vous demanderai d'abord, mesdames, ce que signifie dans votre bouche le mot de *prostituée?* Remarquez que ces femmes ne font, après tout, qu'exercer l'amour libre ; que, si plus d'une a débuté par une séduction, la masse y est portée par élection ; que même, au point de vue de la démocratie amoureuse, elles font acte de philantropie et de charité, ainsi que l'entendaient les Gnostiques ; que du reste, et toujours d'après vos maximes, la délectation érotique n'a rien en soi d'immoral, qu'elle est licite autant que naturelle, qu'elle forme le plus grand bien et la plus grande part de l'humanité, et qu'en conséquence une jolie femme qui, pour le bonheur d'un

homme piqué d'amour, consent à lui faire le
sacrifice d'une journée de son temps, a parfaitement le droit, dirait J.-B. Say, de recevoir en
échange un dédommagement. Elle en a d'autant
plus le droit que la femme, par l'exercice de la
fonction amoureuse, se détériore insensiblement
et se dégrade. Il n'y a pas, il ne peut y avoir
d'amour gratuit, entendez-vous? si ce n'est celui
qui s'abdique, au nom de la conscience, dans le
mariage. Donc, ou le mariage, par lequel les
amants s'unissent pour toujours, selon la loi du
dévouement et dans une sphère plus haute que
l'amour, ou la rémunération : point de milieu.
Est-ce que les émancipées, qui vivent en concubinat, auraient la prétention de se donner pour
rien, par hasard ? Tout au moins elles ont reçu le
plaisir, et la preuve, c'est que du moment où la
chose ne leur *plaît* plus, elles se sont réservé de
se reprendre. L'amoureuse qui se donne pour
rien est un phénix qui n'a d'existence que chez
les poètes ; par cela même qu'elle se donne (hors
mariage), elle est libertine, elle est prostituée ;
elle le sait si bien que si, plus tard, elle trouve
à se marier, elle se présentera comme veuve ;
elle mentira ; à l'impudicité elle joindra l'hypocrisie et la perfidie.

Voilà donc ce que le commerce des hommes, soit le libre amour, fait d'une femme : il la dévaste, la dénature, la travestit et en fait une apparence, hideuse à voir, de mâle. Or, je vous en préviens, toute fréquentation exagérée des hommes, alors même qu'elle se borne à de simples conversations de salons, d'académies, de comptoirs, etc., est mauvaise pour la femme, qu'elle déflore, et insensiblement corrompt. Je dis plus, il est impossible qu'une femme, sans fréquenter plus qu'il ne convient des hommes, s'occupe habituellement de choses qui ne sont pas de son sexe, sans que sa grâce naturelle en souffre, et, selon le cas, sans que son imagination s'allume, que ses sens s'enflamment et que la porte du péché ne s'ouvre toute large devant elle.

Tel est le rapport qui lie le fait à l'idée, qu'on peut toujours, chez un homme qui nie avec persévérance un point de morale, saisir un commencement d'infraction à cet article de la morale. Il est impossible, par exemple, de professer en théorie le despotisme et d'être en pratique franchement libéral ; impossible, en économie politique, de soutenir l'arbitraire des valeurs et de ne pas tomber, si peu que ce soit, dans l'agiotage ou l'usure ; impossible de préconiser le libre-échange sans favoriser, plus ou moins, la contre-bande. Je dis de même qu'il est impossible à une femme de passer sa vie au milieu des hommes, de se livrer à des études ou à des occupations viriles, de professer, par exemple, la théorie du libre amour, sans que dans son extérieur elle prenne quelque chose de la *virago*, et qu'elle ressente au fond du cœur une pointe de liberti-nage.

Molière, dans sa comédie des *Femmes savantes*, a parfaitement saisi ce principe. Il représente une mère de famille, Philaminte, honnête dans sa vie, — le bel esprit lui est venu tard, — *mais chantant plus haut que le coq*, comme le dit la servante, par suite du plus haïssable caractère, tyran de son mari et de sa fille; à la fin, la plus misérable des dupes. A côté de Philaminte est sa sœur Bélise, vieille prude occupée à chasser l'amour de chez elle, mais qui croit tous les hommes amoureux d'elle, et ne leur en veut pas pour cela. Qu'il y en ait un qui daigne l'entre-prendre, elle fera quelque folie, c'est visible. Vient enfin la fille aînée de Philaminte, Mlle Ar-mande, qui ne demanderait pas mieux que de jouer du matin au soir avec l'amour, mais qui ne

peut se décider à *coucher contre un homme vrai-*
ment nu. C'est le spiritualisme de Descartes qui
lui donne de ces idées, auxquelles Henriette, la
ménagère, qui ne sait ni philosophie ni grec, ne
pense pas du tout. Molière, aussi grand moraliste que grand comique, vous connaissait à
fond. Il savait ce que valent la raison, la vertu et
les délicatesses des émancipées. Vous ne voulez
pas seulement être hommes; vous cherchez les
hommes; voilà ce que vous a prouvé Molière
dans sa comédie des *Femmes savantes* et dans
celle des *Précieuses.*

J'ai parlé précédemment des vivandières. Je
suis loin de penser ni de vouloir dire du mal de
cette classe intéressante de citoyennes. Toutes
sont mariées; la plupart, sans doute, fidèles.
Mais elles sont à moitié soldats; elles vivent
dans la caserne; elles figurent dans les revues;
elles sont portées sur les registres des régiments
sous un numéro. J'ignore si leur service est absolument indispensable; mais je voudrais, pour le
respect du sexe, l'éloigner absolument du militaire. La *Vivandière* de Béranger m'a toujours
paru et me paraît encore une chanson magnifi-
que. Avouons cependant que cette composition
ne tire pas précisément son éclat des grâces de

Catin. J'en dis autant des dames de la halle, plus terribles que leurs maris, les forts. Aucun gouvernement n'a osé jusqu'à présent débarrasser le marché parisien du privilége de ces dames : on dirait qu'elles portent une révolution dans leurs jupes.

J'ai habité longtemps près d'un hospice où se faisait un cours d'accouchement : c'était une véritable école de prostitution et de proxénétisme. Certes, il est d'honnêtes matrones dans la corporation des accoucheuses, j'en ai connu, et vous en êtes, vous, madame Jenny d'H***, un fier exemple. Mais je ne puis m'empêcher de croire, quand vous daubez sur les accouchements, que vous combattez beaucoup plus alors pour la clientèle que pour l'émancipation. De bonne foi, comment voulez-vous qu'une jeune femme repasse dans son cerveau certains sujets, sans que son imagination brûle et que sa pauvre tête se monte? Le moins qui puisse lui arriver c'est, en se mariant au plus vite, de *porter*, comme on dit, les *culottes.* Connaissez-vous un homme de goût, une femme qui se respecte, qui veuille, pour sa fille, d'un pareil métier et d'un tel avenir ?

C'est bien à tort, madame, que vous voudriez

nous faire considérer l'emploi des accoucheurs
comme un symptôme de relâchement, et le zèle
que vous témoignez à ce sujet dans vos brochures
prouve tout simplement le désir que vous avez
d'intéresser à votre thèse la pudeur des femmes
en couches. C'est de la tactique, rien de plus. J'en
aurais long à dire sur les sages-femmes, aussi
bien dans les campagnes que dans les villes. Je
m'abstiens, de peur de diffamation. Dès l'instant
que les femmes, dans une société parvenue à
un haut degré de civilisation, ne peuvent plus
s'accoucher toutes seules, comme faisaient les
femmes des Hébreux en Égypte, et comme le
font encore aujourd'hui toutes les négresses et
sauvagesses ; dès l'instant que, par le développement de la sensibilité nerveuse, l'accouchement est devenu un cas pathologique, il vaut
mieux, dans l'intérêt même de l'honnêteté publique, appeler le médecin que faire instruire, dans
cette science scabreuse, de jeunes paysannes.
Entre le médecin et la femme en couche, entourée de son mari et des siens, la pudeur n'est
pas plus intéressée qu'entre le soldat blessé et la
sœur de charité. Allez-vous donc aussi, sous
prétexte de pudeur, chasser les femmes des
hôpitaux ? Non, non : la femme, comme le mé-

decin, est à son poste au lit du malade ; devant
le péril, la pudeur se retire sous l'aile de la charité. Le dévouement seul ici se montre : dévouement de l'homme envers la femme, dévouement
de la femme envers l'homme. C'est la loi du mariage qui gouverne ici, loi que votre fausse pudeur ne comprend pas, parce que vous êtes une
affranchie. Quant à moi, je vous le déclare, je
préfère mille fois, pour la morale publique et
pour la morale domestique, le risque du docteur
à celui des accoucheuses, mêmes *jurées*.

Cette histoire des médecins-accoucheurs, dont
vous faites tant de bruit, m'en rappelle une
autre que je vais vous dire, au risque de me faire
accuser encore une fois par Mme J*** L***
de *tendance à l'obscénité*. Je suis sûr qu'elle me
saura gré de l'anecdote :

J'ai connu un entrepreneur de remplacements
militaires, au temps où les remplacements militaires étaient objet de commerce, dont la
femme, en l'absence de son mari, faisait la visite
corporelle des sujets. Elle auscultait, palpait sa
marchandise, la faisait marcher. *Toussez!* leur
disait-elle..... Du reste, une très-brave femme,
que jamais on ne soupçonna de galanterie. Elle
exerçait son métier philosophiquement. Les

remplaçants à ses yeux n'étaient pas des
hommes : c'était de la chair à canon. Une telle
femme, dans le monde des affranchies, serait un
modèle; mais quel homme s'en approcherait
sans dégoût?..... J'ai vu à la campagne des filles
de fermier, propriétaires du taureau banal, qui,
dans le cas de nécessité, le père n'y étant pas,
s'acquittaient de la besogne sans le moindre embarras. *Honni soit qui mal y pense*. Ce que faisaient de leurs mains ces vierges rustiques est
indescriptible. Chose curieuse, elles n'en pa-
raissaient pas le moins du monde émoustillées,
au contraire. Quant à moi, jeune gars, je puis
bien dire que je n'ai jamais rien senti pour ces
luronnes.

Tout cela n'est que grossier et tire médiocre-
ment à conséquence; si je le rapporte c'est afin
qu'il soit établi, contre les bégueules qui mettent
la main sur leurs yeux et regardent à travers les
doigts, qu'il y a positivement une distinction à
faire entre les attributions de l'homme et celles
de la femme; que la paix domestique, et une part
considérable de la morale publique, dépendent
de la définition qui sera faite des uns et des autres, attendu que toutes les fois que la femme
sort des bornes que lui assigne la nature, elle se

déprave et avilit d'autant l'homme, et que bien loin d'en usurper les fonctions, sa plus grande crainte doit être de lui ressembler.

J'ai cité la fille du fermier au taureau, la marchande d'hommes, l'accoucheuse jurée, la vivandière, la dame de la halle, la courtisane, la savante; suis-je à la fin? On en ferait un dictionnaire. Tenons-nous-en aux deux catégories principales : les *artistes*, comme on les appelle, et les *esprits forts*.

La femme, expression de l'idéal, à qui la nature a donné en prédominance la beauté, a des dispositions esthétiques que je n'ai garde de nier, puisque ce serait me contredire. Mais ici, comme partout, la question est dans la mesure, chose dont vous autres, mesdames les immodérées, ne voulez pas entendre parler. Outre qu'aucune femme n'approcha jamais, même de loin, les grands artistes, pas plus que les grands orateurs et les grands poètes, il faut considérer encore, dans l'emploi des talents féminins, les convenances du sexe et de la famille, qui dominent tout.

Chez les anciens, les rôles de femmes étaient joués par des hommes. La raison en était d'abord que les anciens croyaient impossible de bien

représenter l'amour sans faire l'amour, et qu'ils
n'admettaient pas sur la scène ce passage de la
fiction à la réalité; puis ils eussent regardé le
métier d'actrice, ou tout autre analogue, comme
une *publicité* ou *publication* officielle de la femme,
chose à laquelle l'honnêteté municipale répu-
gnait. Nous avons changé cela : possible que le
théâtre y ait gagné; mais les mœurs? Qu'on y
réfléchisse : tout honnête père de famille qui
fréquente le théâtre est plus ou moins fauteur
de prostitution s'il y conduit sa femme ou sa
fille..... Je ne pousse pas l'induction plus loin.
Il est de fait que la grande majorité des femmes
de théâtre cultive l'amour libre; quant à celles
qui se contentent de leurs maris, et on assure
qu'il y en a, il faudrait voir si, dans l'intérieur
de leurs ménages, elles ne prétendent pas, en
tout et pour tout, compter autant que leurs *cama-*
rades. Ou la subordination des femmes, garantie
par la réserve de leur vie, ou l'avilissement des
hommes : il faut choisir. Je sais bien que la nature, qui partout crée des *ambigus*, comme disait
Fourier, semble avoir prédestiné certains mâles
à servir de chaperons à leurs moitiés. A la bonne
heure! A femme émancipée, mari benêt. Paix et
tolérance à ces braves sacrifiés. Mais qu'on n'en

fasse pas des modèles, surtout qu'on n'érige pas leur exemple en maxime de droit civil et politique. En résumé, je ne demande pas la fermeture des théâtres ; mais je dis qu'il nous reste fort à faire pour leur moralisation. Sur ce point on n'a nullement répondu aux objections de Rousseau et de Bossuet.

Passons aux femmes de lettres. J'ai reconnu à la femme une fonction d'éducatrice ; je ne crois pas en cela avoir fait aucune concession à mes adversaires. La femme, par la qualité de son esprit, est placée entre son mari et ses enfants comme un réflecteur vivant, ayant pour mission de concréter, simplifier, transmettre à de jeunes intelligences la pensée du père. L'homme vivant en société, les familles formant la cité par leur union solidaire, je crois que la femme qui possède à un haut degré les aptitudes de son sexe peut étendre la sphère de son rayonnement sur la communauté entière. De même que la beauté de quelques-unes profite à toutes, la vertu éminente, le talent hors ligne de quelques-unes peut aussi profiter non-seulement à toutes, mais à tous. J'admets en conséquence que la femme partage, jusqu'à un certain point, avec l'homme, la fonction d'écrivain ; mais c'est toujours à la condition que, même lorsqu'elle écrit, même lorsqu'elle se montre en public, elle reste femme et mère de famille : hors de là, je ne la souffre plus. Or, là est le point délicat. Il est bien difficile que celle qui prend la parole devant l'assemblée n'ait pas le verbe un peu plus haut dans le ménage. Plus donc une femme montre de talent, plus elle a besoin de vertu domestique. En sommes-nous là ? Le public, par ses applaudissements indiscrets, est le premier auteur du désordre. On dirait même qu'il fasse une médiocre estime de celles qui, au talent le plus vrai, joignent une conduite réservée et modeste. Une pointe de scandale ajoute à la célébrité du *bas-bleu*, et lui donne tout son parfum. Mlle de Meulan, Mme Amable Tastu commencent à être oubliés. Mme Necker de Saussure n'est connue que des institutrices. Combien d'autres, plus hardies, ont vu leur réputation s'étendre avec leurs galanteries !

Je consens donc à ce qu'une femme, à l'occasion, écrive et publie ses œuvres; mais je demande qu'avant tout le respect de la famille soit garanti. « La femme, dit le Code, ne peut « donner, aliéner, hypothéquer, acquérir, tester « en jugement, sans l'autorisation de son mari. »

Comment le législateur n'a-t-il pas vu que le cas
est bien autrement grave, pour la dignité du
mari, pour sa sécurité, lorsqu'il s'agit de la publication d'un écrit, ou de toute autre exhibition
de sa femme. En France, ce sont les hommes qui
se montrent les plus empressés à faire valoir ainsi
leurs moitiés. En 1847, quelque temps avant la
révolution de février, j'ai assisté à Paris à une
séance politique et socialiste, dans laquelle une
femme, fort belle, faisait, sous la protection de
son mari, ses débuts oratoires. Il n'y avait rien à
dire, puisque le mari était là, servant à sa femme
d'appariteur. L'improvisation fut au-dessous du
médiocre : Madame n'était pas en voix. Je ne
saurais dire ce que je souffrais pour cette pauvre
femme, montrée par un imbécile d'homme. Je
crois, si j'avais été l'amant, que je l'aurais fait
à l'instant rentrer chez elle, et que j'aurais souf-
fleté le mari. Une femme qui écrit ne devrait être
connue du public que de nom; une femme qui
pérore devrait être consignée à la maison.

J'étais à la séance des cinq académies dans
laquelle Mme Louise Colet-Révoil vint recevoir
le prix de poésie pour sa composition sur le
musée de Versailles. Il y a plus de vingt ans de
cela : Mme Louise Colet doit être vieille; depuis

6

elle n'a produit rien qui vaille. Je m'irritais en moi-même de voir une jeune femme exposée aux regards, s'enivrant des applaudissements du public, plus qu'elle ne faisait sans doute de l'approbation de son mari et des caresses de ses enfants. Il me semblait alors que si j'avais été le conjoint responsable de cette léaurate, je lui aurais dit, lorsqu'elle serait venue me présenter sa couronne : « Madame, vous avez envoyé vos « vers au concours malgré ma prière; vous avez « paru à la séance de l'Académie contre ma « volonté. La vanité vous étouffe, et fera notre « malheur à tous deux. Mais je ne boirai pas le « calice jusqu'à la lie. A la première désobéis- « sance, quelque part que vous vous réfugiez, je « vous réduirai à l'impuissance de vous remontrer « et de faire parler de vous... » Et comme je l'aurais dit, je l'aurais fait. Dans une société où la loi ne protége pas la dignité du chef de famille, c'est au chef de famille à se protéger lui-même. En pareil cas, j'estime, comme le Romain, que le mari a sur la femme droit de vie et de mort.

La pire espèce d'affranchie est la femme esprit fort, celle qui se mêle de philosopher, qui, aux travers habituels de l'affranchissement, à l'horreur du mariage, joint les prétentions d'une doctrine, l'orgueil d'un parti, l'espoir secret d'une déchéance en masse du sexe mâle.

Chez la femme artiste, ou faiseuse de romans, l'émancipation arrive par l'imagination et les sens. Ells est séduite par l'idéal et la volupté. La courtisane antique appartenait à cette catégorie : c'était, en son genre, une artiste. La bayadère de l'Inde, l'almée de l'Égypte, les femmes des maisons à thé au Japon, sont aussi des artistes. Un mot du cœur, une bonne parole, du pain bien souvent ; il n'en faut pas davantage pour les changer. C'est ainsi qu'en usa Jésus avec la Magdeleine. Au demeurant elles sont femmes, plutôt affolées qu'émancipées. C'est pourquoi bien des hommes les préfèrent aux stoïciennes, chez qui la vertu prend le caractère de l'autorité.

L'esprit fort femelle, cette poule qui *chante le coq*, comme disent les paysans, est intraitable. Le détraquement de l'esprit et du cœur, chez elles, est général. Dans la critique que j'ai faite de Mmes Roland, de Staël, Necker, de Saussure et George Sand, chez lesquelles j'ai signalé, à des degrés divers, la présence de la maladie, j'en ai fait ressortir ainsi les principaux symptômes :

« Par cela même qu'une femme, sous prétexte de religion, de philosophie, d'art ou d'amour,

s'émancipe dans son cœur, sort de son sexe, veut
s'égaler à l'homme et jouir de ses prérogatives,
il arrive qu'au lieu de produire une œuvre philosophique, un poème, un chef-d'œuvre d'art,
seule manière de justifier son ambition, elle est
dominée par une pensée fixe qui de ce moment ne
la quitte plus, lui tient lieu de génie et d'idée;
c'est qu'en toute chose, raison, force, talent, la
femme vaut l'homme, et que, si elle ne tient pas
la même place dans la famille et la société, il y
a violence et iniquité à son égard.

« L'égalité des sens avec ses conséquences iné-
vitables, liberté d'amours, condamnation du mariage, contemption de la femme, jalousie et
haine secrète de l'homme, pour couronner le
système, une luxure inextinguible; telle est in-
variablement la philosophie de la femme émancipée.... »

Et plus bas j'ajoute en finissant :

« Ce serait à redire sans cesse les mêmes
choses. Il me faudrait montrer toujours la femme,
quand une fois la manie d'égalité et d'émancipation s'est emparée de son esprit, pourchassée par
cette manie comme par un spectre ; envieuse de
notre sexe, contemptrice du sien, ne rêvant pour
elle-même qu'une loi d'exception qui lui confère,

entre ses pareilles, les priviléges politiques et
domestiques de la virilité; si elle est dévote, se
retirant en Dieu et dans son égoïsme; si elle est
mondaine, saisie par l'amour, en épuisant hon-
teusement les fanta·sies et les figures; si elle
écrit, montant sur ces échasses, enflant sa voix,
et se faisant un style de fabrique, où ne se trouve
ni la pensée originale de l'homme, ni la reproduction de cette pensée gracieusement réfléchie
par la femme; si elle fait un roman, racontant
ses propres faiblesses; si elle s'ingère de philosopher, incapable d'embrasser fortement un
sujet, de le creuser, de le déduire, d'en faire une
synthèse; mettant, dans son impuissance métaphysique, sa pensée en bouts de phrase; si elle
se mêle de politique, excitant par ses commé-
rages les colères, et envenimant les haines. »

En résumé, la femme atteinte de cette manie
tend à se séparer de cœur et d'esprit, de son
sexe, qu'elle dédaigne, qu'elle prend en grippe
justement en ce qu'il a de meilleur. En même
temps elle jalouse, dénigre et s'attache à égaler
ou même à supplanter le nôtre, sans pouvoir
néanmoins jamais l'exprimer, ni seulement le
comprendre. De tout cela résulte pour l'infortunée
une sorte d'hermaphrodisme idiosyncratique qui

lui fait perdre, avec les grâces de son sexe, le
vrai sentiment de l'amour, lui rend le mariage
odieux, et la précipite, de pensée et trop souvent
de fait, dans un érotisme de plus en plus excen-
trique. Les affections dépravées, l'intelligence à
son tour se décompose; les œuvres de la femme
émancipée se font remarquer par une excessive
inégalité, un intarissable bavardage, un mélange
de puérilités féminines et d'affectation de mascu-
linité. Ne parlons plus de raisonnement ni de
raison; des mots détournés de leur sens, des
idées prises à l'envers; un empressement visible
à s'emparer des pensées et des expressions de
l'adversaire pour s'en faire à elle-même des arguments; l'habitude de répondre au dernier mot du
discours au lieu de répondre au discours même;
des démentis contre l'évidence, des formules
pillées partout, et appliquées à tort et à travers,
des calembours, des coqs-à-l'âne, des charges;
bref, la confusion de tous les rapports, l'anarchie
des notions, le chaos! Voilà par quoi se distingue
l'intellect d'une femme émancipée. Ces traits,
que je me suis borné dans mon étude à relever
sur quelques-unes des célébrités du siècle, je les
ai observés sur des centaines de sujets. Puisque
vos publications m'y autorisent, vous ne trou-

verez pas mauvais, mesdames, que je vous fasse
entrer à votre tour dans ma galerie, et que, laissant de côté vos personnes, je montre, par vos
livres, ce qu'il en est de votre entendement.

Oh! mesdames, je sais ce que vous allez me
dire : que les idées que vous défendez ne sont pas
les vôtres ; qu'elles datent de plus loin que vous ;
que tout ce que vous avez fait a été d'y apposer
votre cachet, et que par conséquent les conséquences que je me propose de tirer de cette autopsie sont sans fondement. Vous, Mᵐᵉ J***
L***, vous descendez en ligne droite du
Père Enfantin; vous, Mᵐᵉ Jenny d'H***, vous
faites partie d'une autre branche du saint-simonisme, qui, il y a quelques années, avait pour
organe une *Revue* soi-disant *philosophique et religieuse*. Je sais tout cela, et suis prêt à vous donner
à l'une et à l'autre décharge de toute invention
et initiative. Oncques ne prétendit que la femme
qui s'émancipe de l'homme puisse accoucher,
sans lui, d'un sophisme, pas plus que d'un
bâtard. Mais que vos théories viennent d'*effi-
minés* ou d'*émancipés*, n'est-ce pas toujours,
pour le fond, la même chose, d'abord, quant à
ces théories en elles-mêmes, dont le principe est
la promiscuité des notions, et la fin la promis-

cuité des amours; puis, quant à vous-mêmes, qui vous en faites les pythonisses. Qu'importe, en effet, pour votre état mental, que votre esprit ne puisse produire ou s'assimiler que des vesse-loups? C'est le vice propre de votre thèse qu'on ne puisse la réfuter sans constater en même temps l'ulcération de votre cerveau.

V

Savez-vous, Mme J*** L***, ce qu'il y a au fond de vos *idées antiproudhoniennes* sur *l'amour, la femme et le mariage?* Je suis sûr que vous ne vous en doutez seulement pas. D'abord votre brochure de 196 pages semble l'œuvre de plusieurs mains. Il y a des parties qui sont de vraies catilinaires : là surtout apparaît le génie de la femme ; d'autres sentent le professorat d'une lieue. Vous parlez, avec une facilité de verbe capable d'effrayer les ignorants, de métaphysique, de synthèse, d'antinomie ; l'absolu, l'idéal, le concret et l'abstrait se jouent sous votre plume, comme les amours à la ceinture de Vénus. Ici se voit la pédante qui répète, mot pour mot, sa leçon de la veille, si tant est que ce ne soit pas son professeur qui lui ait fait son thème. Eh bien ! madame, quelque pénible qu'il soit de dire à une femme instruite, douée d'esprit naturel, qu'elle ne voit goutte dans les choses dont elle parle, il faut que je me résigne à cette cruelle

extrémité. Votre brochure, de même que les deux volumes de Mme Jenny d'H***, est ce que j'ai rencontré jusqu'à présent de mieux pour démontrer, par l'exemple, cette proposition, qui fait tout le fonds de ma réponse : — La PROMIS-CUITÉ DES NOTIONS ABOUTIT A LA PROMISCUITÉ DES AMOURS, et *vice versa*. — Là est le caractère de notre époque, dont tous les écrivains de quelque valeur s'accordent à signaler l'analogie avec celle qui marqua la fin de la civilisation païenne, et que signale l'avénement du christianisme.

Vous avez suivi un méchant guide : M. En-fantin, abandonné depuis vingt ans par tout ce que l'école saint-simonienne comptait d'esprits vigoureux et de consciences lucides, et dont la police correctionnelle a parfaitement apprécié, selon moi, la doctrine, bien qu'il soit regrettable qu'elle n'ait pas laissé à la morale éternelle, par lui niée, non pas abrogée, le soin de se trouver des défenseurs. M. Enfantin est un de ces hommes à mémoire facile, à imagination complaisante, et qui, ne produisant pas d'idées par eux-mêmes, ont le talent de gâter tout ce qu'ils touchent. Depuis quelques années, son habitude est de se tenir derrière le rideau; il me semble que le moment serait venu au contraire, pour lui, de s'affirmer hautement, sans le secours de femmelettes, et de dire : Me voilà !...

J'examinerai votre livre, madame, froidement, sérieusement, et, comme vous le désirez sans doute, doctrinalement. A l'exemple des théologiens, laissant de côté tout l'accessoire, je me bornerai à extraire les *propositions* qui forment la charpente de vos *idées* et sans lesquelles il n'y aurait pas *d'idées enfantiniennes*, et bientôt plus de femmes libres. Un peu de patience : ce ne sera pas long.

I. — A propos de mon dernier ouvrage sur la Justice, vous avez trouvé piquant de dire que mon livre est un nouveau voyage à la recherche de l'*absolu*. Moi, qui suis aussi connu aujourd'hui pour la guerre que je fais à l'*absolu*, que je l'ai été autrefois pour mes attaques à la propriété, être convaincu de chercher l'absolu sous un autre nom, c'était, en effet, bien malheureux. Aussi, à propos de cet absolu dont je me suis infatué, ne manquez-vous pas de m'accuser hautement de *désapprendre* au peuple la justice. L'accusation est grave : si je suis convaincu d'absolutisme, me voilà suspect; je ne mérite plus d'être en rien écouté; je n'ai pas le droit,

entre autres, de parler du mariage ni de la femme.
C'était inquiétant en vérité.

Examinant là-dessus, non pas ma conscience,
qui en fait d'absolu ne me reproche rien, mais la
vôtre, je me suis demandé si vous saviez vous-
même ce que vous disiez quand vous parlez de
justice et d'absolu. Et voici ce que j'ai trouvé;
c'est assez curieux, et, pour votre grand-prêtre,
c'est très-grave :

Si par ABSOLU on entend le *certain*, alors certainement je crois à l'absolu et je l'affirme, puisque je crois à des idées certaines, à des idées
d'une certitude absolue, telles que les vérités
mathématiques, la loi de série, la succession du
temps, le rapport de causalité, la notion d'équilibre, etc. Si par ABSOLU on entend encore l'*universel*, je réponds encore que je suis partisan de
l'absolu, puisque je crois à des idées *universelles*,
puisque j'admets, comme l'on dit, des universaux et des catégories, auxquelles j'attribue une
vérité également objective et subjective; et que
de toutes ces idées universelles ou catégories, la
plus universelle à mes yeux est la JUSTICE.

Mais jamais, à ma connaissance, on n'a considéré ces termes : l'universel, le certain et l'absolu,
comme synonymes, si ce n'est peut-être lorsqu'on

les accouple de cette manière : *cela est d'une absolue certitude*, absolu devient alors un adjectif qui s'applique à toutes sortes d'idées et d'objets, pour en marquer la plus haute puissance, idéalité ou réalité.

Quand je repousse l'absolu, j'entends, avec tous les logiciens, ce me semble, une essence ou entité qui réunirait en elle à la fois, et dans un degré infini, toute puissance, toute vie, toute beauté, toute vérité, toute justice, etc. L'absolu se prend alors dans une acception logique, ontologique, esthétique, juridique : rien de plus clair que tout cela.

D'après cette explication, il est clair que la Justice, que je prends pour base de ma philosophie, n'est point l'absolu, bien qu'elle soit pour moi d'une réalité et d'une certitude absolues. La preuve, c'est que, si de la notion de Justice je puis déduire toute la législation humaine et toute la morale, cependant je ne puis, avec cette même notion, donner l'être à une mouche ; je ne découvrirai pas le système du monde ; je ne ferai pas une statue comme celle du *gladiateur;* je n'inventerai pas l'algèbre. Je n'improviserai même pas, avec cette seule notion du *droit*, une constitution politique, puisque, pour appliquer

7

le droit, il faut connaître à fond d'autres rapports
qui ne relèvent pas directement du droit : rapports politiques, économiques, géographiques,
historiques, etc.; ce qui n'empêche nullement la
Justice d'être absolument certaine de sa nature,
dans tous les temps et dans tous ses décrets;
absolument comme la science arithmétique est
certaine dans toute son étendue, qu'on la limite
à la formation des nombres ou qu'on l'étende jusqu'aux logarithmes.

Vous, madame, au contraire, et votre patron,
M. Enfantin, ce n'est pas ainsi que vous entendez ni la justice, ni l'absolu, ni l'universel,
ni la certitude.

Pour vous, rien n'est certain, rien n'est universel, rien n'est de soi juste. Tout EST RELATIF,
changeant, variable, la justice, la beauté, la
dignité, comme les flots. Soutenir le contraire,
c'est-à-dire admettre des idées certaines, des
notions universelles, des principes de justice
immuable, c'est chercher L'ABSOLU, c'est dépraver
la morale; la sagesse consiste à prendre les
choses selon les circonstances et sous le point de
vue qui semble le plus profitable. Aujourd'hui
république, demain monarchie; jadis mariage et
famille, plus tard libre amour; tantôt démocratie

socialiste, tantôt féodalité industrielle et propriétaire ; chrétien au moyen âge, protestant avec Luther, déiste avec Rousseau, malthuséen, agioteur au xixᵉ siècle. Osez donc parler clairement, si toutefois vous y voyez clair ; dites ce que vous avez sur le cœur, et qu'on vous juge. Ce que vous qualifiez et découvrez en moi d'*absolu*, madame, est la raison, la vérité, la réalité, la justice, la certitude, toute la morale, toute loi de nature et de société ; — et votre *relatif*, à vous, c'est le pyrrhonisme, la destruction de toute raison, de toute science et de toute morale, de toute liberté. Pour vous, pour M. Enfantin, il l'a prouvé, ainsi que ses disciples, depuis dix ans, la société, c'est l'arbitraire dans le pouvoir, l'agiotage en économie, le concubinat, je me sers du terme le plus honnête, dans la famille, la prostitution des consciences, partout l'exploitation de la crédulité, de la cupidité et de tous les mauvais instincts de l'homme. Oh ! votre brochure de 196 pages, que peu de gens ont lue, est un signe de l'époque : elle nous montre que la corruption est descendue, par l'esprit, par le cœur, par les sens, jusqu'aux femmes ; demain, elle sera descendue aux enfants.

2. Maintenant que nous vous avons saisie dans

votre fort ou dans votre faible, nous pourrons vous suivre. Il ne manque pas chez vous et M. Enfantin d'une certaine logique : il est vrai qu'elle ne vous coûte pas de grands efforts de tête, c'est la logique de la confusion, la logique du chaos, la logique, je l'ai dit, de la promiscuité. Avec vous, madame, nous marchons à grands pas vers la pornocratie,

Toute vérité d'ensemble implique harmonie, symétrie, série entre plusieurs termes, c'est-à-dire RAPPORT. Dès que l'harmonie est rompue, la série mutilée, il n'y a plus rapport; le *relatif* n'existe pas.

Autre cause de votre erreur : certains êtres, certains ensembles se produisent par *accroissement continu;* tels les êtres vivants, telle aussi la justice.

Vous dites, dans votre logique à vous : l'esclavage est meilleur que l'anthropophagie, le servage est meilleur que l'esclavage, le prolétariat meilleur que le servage, etc. Donc, concluez-vous, l'esclavage est relativement bon, le prolétariat relativement bon, etc.; et, comme on ne saurait arriver au parfait, à l'absolu, tout est relativement bon et mauvais.

Mais tout cela est de la logique de myope, de

gens qui raisonnent par à peu près, ou qui prennent des phrases de *convention* pour maximes dialectiques. La vérité logique, philosophique, exacte, sévère, est tout autre. Cette vérité, la voici : la justice, vraie en soi, dans toutes ses parties, se développe *progressivement* dans l'humanité. A mesure que ce progrès s'accomplit, l'humanité s'élève au-dessus de la condition animale, pour entrer dans l'état de société ou de justice. Il en résulte que l'esclavage, par lui-même, n'est pas plus vrai, ni en soi, ni relativement, que l'anthropophagie ; c'est encore, comme celle-ci, de l'animalité ; le servage, le prolétariat sont de l'animalité, du fatalisme, progressivement réduits par l'action de la liberté et de la justice.

J'en dis autant du développement des institutions politiques et religieuses.

Ainsi, votre scepticisme ne repose absolument sur rien, que sur la confusion de vos idées et l'arbitraire de vos définitions : votre philosophie, je vous le répète, c'est du chaotisme, c'est de la promiscuité, je vous dirai tout à l'heure que c'est de la prostitution.

2. Vous parlez de *relatif*, de vérité *relative*, et vous opposez ce mot à l'*absolu*.

Mais là encore vous n'êtes pas dans le vrai, et vous ne voyez que confusion. Toute vérité est vraie, à un double point de vue : en soi, et considérée individuellement ; et comme partie intégrante ou constituante du système des choses, dont la pleine intelligence nous donnerait, en effet, une face de l'absolu.

Ainsi, chaque proposition d'Euclide est vraie en elle-même, et abstraction faite de toute la géométrie ; et elle est vraie, comme terme sériel de la géométrie, dont l'ensemble est vrai aussi. — La théorie des marées est vraie, indépendamment du système copernicien ; — la circulation du sang, le système des fonctions de nutrition sont des faits vrais en eux-mêmes, indépendamment de toute théorie de la reproduction ; ce qui ne les empêche pas d'être vrais aussi, dans leurs rapports avec la génération, le système cérébral, etc. Voilà ce que c'est que l'absolu et le relatif ; et vous parlez d'imagination, d'après une lueur incertaine, quand vous les opposez l'un à l'autre : ils subsistent ensemble, et même, si nous considérons que chaque idée, chaque phénomène, chaque être créé, pris à part, forme un tout, un universel, un *absolu* (bien des philosophes n'hésitent pas ici à appliquer ce terme), vous reconnaîtrez que l'*absolu* et le relatif sont encore identiques.

Ainsi, la vérité a double face; et la face la plus lumineuse, c'est celle de *relation*, puisque quand on connaît une proposition en elle-même, on n'en connaît pas la vérité dans toute son étendue; on en sait quelque chose, mais on n'en sait pas tout.

D'où il résulte que les idées de relation qui, chez vous, ne sont pas des vérités, sont les plus grandes de toutes; ce qui prouve que vous prenez le mot à contre-sens.

La cause de votre erreur, ici, c'est que vous faites l'*erreur*, la *désharmonie*, l'anomalie, synonyme de *relatif*, ce qui est encore un contre-sens.

Ainsi, toute votre métaphysique, si orgueilleuse, si leste, se réduit à une profonde inintelligence, non-seulement des termes, mais des rapports et des notions. Vous ne savez pas plus ce que c'est que l'*absolu* que le *relatif;* pour vous, il n'existe ni certitude, ni réalité, ni universaux, ni catégories : vous en êtes à l'état d'une idole qui a des yeux, et ne voit pas; des oreilles, et qui n'entend point; un entendement, et qui ne saisit plus ni impressions ni rapports.

C'est à cela que se réduit la force spéculative de
M. Enfantin; et c'est par là qu'il vous a séduite,
vous et toutes celles en qui certaines dispositions
masculines ont oblitéré le sens moral et détruit le
sens commun. En tout cela, M. Enfantin a été
l'homme de son époque, le digne apôtre de la
religion de la chair, représentant de la destruction des principes et de la dissolution des consciences, dont le règne de Louis-Philippe fut la
préparation.

3. Maintenant que nous avons le secret de
votre *doctrine*, nous pouvons vous suivre, et
vous expliquer à vous-même. Je ne veux pas
vous faire un *cours de logique:* ce n'en est pas le
moment, et vous ne me comprendriez pas. — Je
vous ai promis une autopsie, l'autopsie de votre
âme; je ne veux que tenir parole.

La justice écartée par vous comme *absolu*,
quel sera votre point de repère? car il faut bien
vous diriger dans votre scepticisme. Je ne vous
parle pas de *principes*, vous n'en reconnaissez
pas : les principes vous conduiraient à l'idée
universelle, à la certitude, à ce que vous appelez
absolu. Il vous faut une loi au moins conven-
tionnelle.

Cette loi rectrice, cette lumière, a pour nom

l'*idéal*. Mais, conséquente avec vous-même, je veux dire fidèle aux ténèbres qui vous assiégent, vous vous empressez de dire que cet *idéal n'a rien d'absolu.* Sur quoi je vous arrête de nouveau pour vous montrer : 1° que vous ne savez pas de quoi vous parlez, quand vous parlez d'IDÉAL ; 2° que, le connaissiez-vous, vous tombez dans la plus triste des erreurs, quand vous en faites le guide de votre raison et le Dieu de votre cœur.

« Il n'est pas vrai, dites-vous (page 13), que l'idéal soit fatalement voué à l'absolu. »

Et là-dessus vous expliquez comme quoi vous prenez un idéal *ad libitum,* soit en vous-même, soit dans la nature, sans jamais lui attribuer ni l'infinie bonté, ni la suprême perfection, ni rien qui rappelle l'absolu.

Tout ceci veut dire que pour vous, madame, qui faites profession de cultiver l'idéal, il n'y a pas réellement d'idéal, il n'y a que des objets qui attirent plus ou moins le désir, la concupiscence. L'*idéal,* pour tout homme qui s'entend avec lui-même, est un mot par lequel on exprime la *conformité* d'un être avec son type. Il se dit aussi de la faculté de l'esprit, par laquelle, en vue des réalités qui, toutes, comme je l'ai dit plus haut d'après Raphaël, sont plus ou moins défectueuses, nous remontons par la pensée au modèle parfait que nous supposons invinciblement exister dans la pensée de la nature créatrice, dans la raison de Dieu. En ce sens, l'*idéal*, chose non réelle, mais parfaitement intelligible, est un absolu, puisqu'il réunit la vérité, l'harmonie, l'exactitude, la proportion, la force, la beauté. Nous n'y atteignons pas, c'est chose certaine; mais nous agissons d'après lui, sauf les droits de la justice qui sont ici réservés : nous nous dépravons quand nous suivons autre chose. Le renoncement à l'idéal est un signe de notre décadence.

Vous, au contraire, vous niez *à priori* cet idéal, puisque vous le niez en tant qu'absolu, et que, dans votre pensée, *absolu* est synonyme de vérité, de loi, de certitude. Pour vous, il n'y a pas, je le répète, d'idéal; et ce que vous appelez de ce nom, c'est tout ce qu'il vous plaît. C'est le laid. L'idéal est un mot qu'il faut rayer de votre dictionnaire, de même que l'*absolu*, le *relatif*, le *certain*, l'*universel*, parce qu'il ne signifie rien, absolument rien pour vous. Il faut le remplacer par un autre, qui s'appelle, en latin *libido*, en français : *fantaisie*.

Ici, vous retrouvez une parenté nombreuse, mais qui vous fait peu d'honneur. En littérature, en poésie, en peinture, dans l'art dramatique, — inutile de citer la danse, — nous en sommes à l'école fantaisiste, dernier mot du romantisme; et nous voyons ce qu'elle produit. La même chose arrive en morale; et le résultat est toujours le même : la prostitution. Vous y reconnaissez-vous? Lisez les feuilletons de M. Th. Gautier, toute cette masse de romans, de drames, de petits vers, etc., qui illustrent notre époque.

Un des effets de cette substitution de la fantaisie à l'idéal, c'est que nous n'avons plus, en France, de théorie de l'art, partant plus d'art. — Des œuvres de débauche, rien de plus. Autrefois, l'art avait pour but de reproduire, soit l'idéal, autant qu'il est donné à l'imagination de s'en emparer d'après les données de l'intelligence; soit le réel, mais comme antithèse ou expression plus ou moins complète de l'idéal. L'école de Raphaël est le représentant de la première manière; l'école flamande de la seconde. Ces deux buts divers de l'art sont également légitimes, aussi légitimes que la *comédie* et la *tragédie*. Il y a autant d'art à représenter le réel que l'idéal. Les anciens connaissaient cette double théorie,

Aujourd'hui, la multitude des artistes et des gens
de lettres ne connaît qu'une chose, la fantaisie,
et, par la fantaisie, elle s'éloigne également du
réel et de l'*idéal*. Il n'y a ni vérité, ni sublimité
dans ces œuvres; c'est de la marchandise à la
mode, articles de pornocratie.

Mais nous ne sommes pas au bout. Vous vous
méprenez du tout au tout sur le caractère de
l'idéal ; après l'avoir nié en tant qu'*absolu*,
vous en faites votre DIEU, ce qui se comprend
très-bien dans une religion sans principes, sans
loi, sans certitude, sans idées universelles,
sans notion, sans justice, sans mœurs, dans
un siècle où toutes ces choses sont remplacées
par la *fantaisie*, ce qui implique une inconsé-
quence, une contradiction.

J'ai expliqué, dans la théorie que j'ai essayé
de donner du progrès, comment le progrès avait
son principe dans la justice; comment, en dehors de la justice, tout autre développement politique, économique, littéraire, philosophique,
devenait subversif et dissolvant, comment l'idéal
nous était donné pour nous porter à la justice,
et comment enfin, si ce même idéal, au lieu de
servir d'auxiliaire et d'instrument au droit, était
pris lui-même pour règle et but de la vie, il y

avait aussitôt pour la société décadence et mort. En un mot, à la justice, j'ai subordonné l'idéal, dont l'idée, au point de vue de la raison spécula- tive, est moins universelle; et le sentiment, au point de vue de la raison pratique, moins social que celui du droit.

Vous, au contraire, vous subordonnez le droit à l'idéal, à l'exemple des idolâtres polythéistes, dont j'ai raconté la décadence : en quoi vous êtes tout à fait d'accord avec la moderne bohème, dont la maxime est, comme vous savez, *l'art pour l'art*. — Or, le principe de l'art pour l'art conduit à des corollaires de toute sorte, qui na- turellement entrent dans votre catéchisme : le pouvoir pour le pouvoir, la guerre pour la guerre, l'argent pour l'argent, l'amour pour l'amour, la jouissance pour la jouissance. Quand je vous dis, madame, que toutes vos pensées mènent à la prostitution ; que vous n'avez dans le cerveau, je ne dis pas dans le cœur, vous êtes la femme de M. L***, que je considère pour vous comme un sauveur, un rédempteur, un Christ, — que la prostitution, et tout cela parce que vous avez prêté l'oreille à ce magnétiseur d'Enfantin !...

L'école de la fantaisie, dont vous nous donnez, sans le savoir, et par le seul fait du détraque-

ment de votre cerveau et de la maladie de votre
âme, l'absurde métaphysique, c'est la *jouissance*,
c'est le *vice*, l'*immoralité*, la *dégradation politique*, c'est la PORNOCRATIE.

4. Vous me reprochez de confondre perpé-
tuellement le *concret* et *l'abstrait* : à ce propos,
vous niez l'existence des collectivités et de leurs
attributs. Sur quoi j'aurai l'honneur de vous faire
observer, madame, qu'avant de me reprocher de
les confondre, vous eussiez dû vous assurer que
vous-même vous saviez distinguer, ce qui, par
malheur, n'est pas vrai. — Votre notion de
l'abstrait est inexacte, et celle que vous vous
formez du *concret*, encore plus.

Vous répétez, après les vieux nominalistes, que
la société est un mot, qu'il n'y a point d'être social en dehors ou au-dessus de l'individu, homme
ou femme; que le couple qui résulte de leur
union n'est qu'une création morale, non une
création réelle ; à plus forte raison qu'on ne saurait attribuer à ce couple, comme à un être
positif *sui generis*, des qualités, attributs et
fonctions, desquelles on argumentera ensuite,
pour, contre ou sur, les individus, l'homme et
la femme.

« Phénoménalement, l'être social n'est rien.

« Il ne saurait tomber sous nos sens ; mais,
« abstractivement considéré, il est le résultat des
qualités propres à l'homme et des qualités propres à la femme. » Ainsi dit le maître ; ainsi
redit l'élève.

Voici bien une autre affaire. Tout à l'heure
vous avez nié, sous le nom d'absolu, les idées
universelles, la certitude ; — vous avez méconnu
le *relatif ;* vous avez détruit l'*idéal*, auquel vous
avez substitué la fantaisie ; vous avez éliminé
la justice : voici maintenant que vous niez les
collectivités, les existences générales, et par suite
les idées générales, les lois générales, ce qui
veut dire, la nature même et la société. Du chaotisme, nous tombons dans le nihilisme ; de la
pornocratie, dans la mort. C'est logique, autant
que ce mot de logique peut se dire des ténèbres,
de la mort, du néant.

Une idée est dite *abstraite* quand elle sert à
représenter un simple rapport, indépendamment
et à l'exclusion même de toute réalité. Le nombre
5, par exemple, est une idée abstraite ; le nombre 7 en est une autre. La formule $5 \times 5 = 25$,
est abstraite, par la même raison, $7 \times 7 = 49$
est une formule abstraite. Si, généralisant davantage et écartant les nombres particuliers 5,

7, 25, 49, je dis A $\times$ B $=$ C, la formure sera
plus abstraite encore que les deux autres.

Il y a des idées abstraites de toute sorte, il
suffit de cet exemple.

Mais les idées de collectivité, de groupe, de
genre, d'espèce, sont autre chose que des idées
abstraites ; elles en sont diamétralement l'opposé.
Celles-ci, comme nous venons de voir, excluent
l'idée de matière ; celles-là, au contraire, la sup-
posent essentiellement. Lorsque je prononce le
nombre 5 ou ses multiples 25, 150, 250, 2,500,
25,000, etc., il est évident que je ne sous-entends ni des hommes, ni des chevaux, ni des
arbres, etc.; mais quand je dis une ruche, un
troupeau, une nation, une forêt, il est tout aussi
évident que je sous-entends des abeilles, des
animaux, des hommes, des arbres, quel qu'en
soit d'ailleurs le nombre ; les mots ruche, troupeau, forêt, nation, etc., ne signifieraient rien
sans cela.

L'idée abstraite et l'idée collective, idée de
groupe, genre et espèce, sont donc diamétralement inverses l'une de l'autre, ce à quoi,
madame, ni vous, ni votre maître, M. Enfantin,
n'avez jamais pris garde. Votre chaotisme eût
été impossible, si cette distinction, pourtant

bien apparente, était entrée dans votre esprit. Mais ce n'est pas tout.

Les collectivités, groupes, genres, espèces, ne sont pas de pures fictions de notre entendement ; ce sont des réalités aussi réelles que les individualités, monades ou molécules, qui les constituent, et au même titre que ces dernières. En effet, qu'est-ce qu'un arbre, un homme, un insecte ? Un être formé de parties en rapport les unes avec les autres, et donnant lieu, par ce rapport, à une unité d'ordre supérieur, qu'on appelle homme, arbre, insecte. D'être simple, nous n'en connaissons pas : pour nous, c'est l'absolu, cet absolu que vous repoussez, madame. Or, une nation, une société, une ruche, une roche, un minéral, un gaz, une forêt, tous les ordres, genres et espèces de plantes et d'animaux. sont des unités d'ordre supérieur, des existences positives, formées par le rapport d'unités inférieures, et ayant des propriétés, des qualités, des facultés spéciales. J'ai traité maintes fois ce sujet, sur lequel je me crois dispensé ici de revenir.

En fait, nous ne connaissons, nous ne saisissons, voyons, touchons, palpons, mesurons que des collectivités, des groupes, des volumes, des conglomérats; l'unité élémentaire ne se laisse prendre nulle part. Le réel, c'est le multiple, la série, la synthèse ; l'abstrait, l'absolu, c'est l'atome. Comment donc se fait-il, madame, que, cherchant le réel, le concret, l'idéal, et fuyant l'absolu, vous arriviez constamment, dans votre philosophie, à vous tromper d'adresse ; que vous preniez toujours l'absolu pour le relatif, le concret pour l'abstrait et *vice versa?* Comment ne voyez-vous pas que ce qui fait, pour notre intelligence, la réalité des êtres, c'est le rapport de leurs parties; que, par conséquent, l'homme et la femme étant complémentaires l'un de l'autre, comme les parties du corps humain sont complémentaires les unes des autres, l'homme et la femme forment par leur union un organisme très-positif, très-réel, très-concret, nullement abstrait, mais d'ordre supérieur; et qu'il en est absolument de même de la famille, de la cité, de la nation?

Pendant un certain temps, l'esprit humain a hésité sur cette proposition : la lutte des réalistes et des nominalistes en est un monument. Il faut un degré d'attention de plus pour apercevoir le rapport des parties séparées, quelquefois fort distants, que pour saisir celui des membres d'un corps vivant : cette faiblesse d'aperception est un des traits qui caractérisent l'enfance de l'esprit humain, l'entendement des enfants et des femmes. Il a fallu la théorie de Newton pour comprendre que le système planétaire est aussi certainement une chose, que le soleil et chacune des planètes.

Voulez-vous voir maintenant où conduit la confusion des idées *abstraites* avec les idées générales; et la négation que vous faites, en conséquence, de la réalité des existences collectives? Je vais vous le dire en deux mots.

Pour moi, la société humaine est un être réel, au même titre que l'homme, qui en fait partie. Cet être, formé d'hommes, mais qui n'est pas la même chose qu'un homme, a sa vie, sa puissance, ses attributs, sa raison, sa conscience, ses passions. J'en ai touché quelque chose dans mes IVe et VIe Études (1). — Elle a donc aussi ses lois propres, lois et rapports que l'observation nous révèlent, et que ne donnerait pas la seule connaissance organique et psychologique de l'individu. De là, pour moi, tout un monde de rap-

_____

(1) Cf. aussi *Théorie de l'Impôt*, ou balance de la liberté individuelle et de la liberté politique.

ports, dont l'ensemble forme ce que j'appelle droit public, droit économique, droit des gens; absolument comme, de l'étude des facultés de l'homme, résulte la morale privée et individuelle.

Pour vous, au contraire, qui dans la société ne voyez qu'une abstraction, qui par conséquent ne lui reconnaissez ni attributs, ni fonctions, ni rapports, rien en un mot de ce qui constitue l'existence et la vie, l'état social n'est que le résultat des rapports que vous offrent les individus, rapports, selon vous, essentiellement changeants et variables. Il n'y a pas de constitution de la société, pas de droit international, pas de système économique : tout est régi par la fantaisie, au gré des circonstances et selon la sagesse de ceux que le hasard, le caprice de la multitude, la corruption ou la force ont proposés à la gestion des intérêts généraux. Je vous cite, page 173 :

« La société n'est pas une autorité *sui generis*, une puissance externe; elle n'a pas de sphère qui lui soit propre; elle est le *milieu* dans lequel les êtres sociaux fonctionnent, comme l'éther est le milieu dans lequel les sphères célestes accomplissent leur révolution. »

Pour certains centralisateurs, la société ou l'État

est tout; l'individu, rien; la première absorbe le second. — Pour vous, la société n'est rien; l'individu seul existe, mâle ou femelle; la société est un mot qui sert à désigner l'ensemble des rapports des individus entre eux (comme si des individus pouvaient soutenir des rapports, et ne pas créer, *ipso facto*, un tout concret, une réalité supérieure qui les dépasse!) Les premiers aboutissent au communisme, ce qui est la même chose que le despotisme; les autres à l'anarchie ou à la fantaisie; mais comme la fantaisie et l'anarchie sont impraticables de leur nature, force est à ces nominalistes de faire appel à la force; c'est ainsi que, partant des deux points extrêmes de l'horizon, on arrive à la tyrannie.

Toujours le pêle-mêle, toujours la promiscuité, gouvernée par les jouissances, par l'idéalisme des voluptés, appuyée au besoin de la force.

Y êtes-vous, madame? Votre maître, M. Enfantin, n'oserait soutenir aujourd'hui le système communiste, contre lequel l'opinion s'est prononcée sans retour. Mais il est évident que, niant la réalité de l'Être social, n'admettant qu'une justice variable et arbitraire, subordonnée à l'idéal, c'est-à-dire à la fantaisie des jouissances, il tombe fatalement dans le communisme, dans une promiscuité, dans une pornocratie générale.

Une dernière citation va le démontrer.

5. Votre livret se termine par une suite de questions et réponses, que vous intitulez : *Résumé synthétique*. Ce mot synthétique est mis ici avec intention. Vous avez voulu opposer la synthèse de M. Enfantin à mon *antinomie*, dont vous vous moquez çà et là fort agréablement. Vous le déclarez vous-même, page 152 : « L'erreur fonda-
« mentale de M. Proudhon a été d'étudier deux
« termes dans leurs rapports, sans vouloir ré-
« férer ces rapports à un TROISIÈME TERME, qui
« en détermine l'expression, la signification
« réelle. »

M. Enfantin tout pur. Pauvre femme! comment avez-vous eu le courage de vous engouffrer dans cette discussion trinitaire, où M. Enfantin a dépassé de cent coudées en ridicule, déjà colossal, le père de la triade lui-même, le bon et honnête Pierre Leroux. Je dis *bon* et *honnête*, malgré les petites railleries que P. Leroux s'est permises à mon égard : il a beau mordre, il ne fait pas de mal, il n'a point de dents.

Faut-il que je vous prouve, madame, pour la vindicte de la philosophie, dont vous faites de

si étonnantes charges, que votre pontife vous a
misérablement induite en erreur avec sa soi-disant synthèse; que sa dialectique est une carica-
ture de celle de Hégel; que l'antinomie ne se résout pas; que les termes opposés ne font jamais
que se balancer l'un l'autre; que l'équilibre ne
naît point entre eux de l'intervention d'un troisième terme, mais de leur *action* réciproque;
qu'aucune puissance ne saurait *fixer* la valeur;
que cette fixation est une *convention* des échan-
gistes, applicable seulement à l'instinct de
l'échange; qu'ainsi il n'y a pas d'unité naturelle ou étalon de poids, de mesure, de valeur,
et que ce qu'on appelle de ce nom sont de pures
conventions; que votre théorie de la banque est
celle de l'agiotage, etc.? Tout cela serait bien
long et ne vous deviendrait pas plus intelligible.
J'aime mieux procéder, par exemple, en laissant
de côté la démonstration : cela sera plus amusant
pour vous, vous touchera davantage, produira
plus d'effet. Ceci est très-intéressant : vous allez
voir comment M. Enfantin arrive par la *synthèse*, soit la Triade, à la Pornocratie.

Je me souviens qu'un jour, en 1848, dans une
réunion où j'exposais les principes de la Banque
du Peuple, Pierre Leroux entreprit de réfuter

mon système, en me faisant voir qu'ils contredisaient, d'un bout à l'autre, les *lois de la Triade*. Impatienté, je voulus faire observer au philosophe, que la Triade, en matière de finance, d'escompte, était inapplicable, attendu que tout roule ici, comme dans la comptabilité, sur deux termes : *doit* et *avoir*, *actif* et *passif*, *vente* et *achat*, *consommation* et *production*, etc. : « Votre économie politique, s'écria P. Leroux, est fausse ; votre comptabilité fausse ; je vous dis, moi, au nom de la Triade, que la tenue des livres doit se faire en partie TRIPLE, non en *partie double*, ce qui est absurde ! » Je vis le moment où P. Leroux allait accuser la tenue des livres en partie double d'avoir engendré la misère et le prolétariat.

La manière dont M. Enfantin entend et pratique la synthèse est exactement la même que celle de P. Leroux ; je ne comprends pas comment ces deux réformateurs se sont brouillés.

Penser, c'est peser, dit M. Enfantin. — Nous savons cela depuis le collége ; mais comme le pesage n'est qu'une forme de comparaison, nous dirions : Si dans la pensée il n'entrait rien de plus que la comparaison que penser c'est *comparer* ; la formule serait plus générale, partant meilleure.

L'action de comparer ou peser implique deux termes : *On ne peut pas comparer rien à rien;* c'est un axiome de logique. M. Enfantin ne se contente pas de deux termes, il lui en faut TROIS. On pourrait lui en accorder quatre, et cent, et mille, puisque le résultat de la comparaison est d'autant plus élevé qu'elle a porté sur un plus grand nombre d'objets. Mais il est ici question d'une opération de logique élémentaire, opération qu'il s'agit par conséquent de réduire à son expression la plus simple possible. On demande donc si la comparaison implique au moins trois termes ou seulement deux?

M. Enfantin prend pour exemple la *balance.* Il dit par la bouche de son interprète, Mme J^*** L^***, p. 153 :

« Dans le fait de comparer deux corps pesants dans leurs rapports de poids, il y a bien les deux plateaux de la balance qui donnent le plus ou le moins; mais, pour déterminer la différence, pour l'exprimer et la convertir en fait, il faut un criterium de pesanteur qui fait partie de la balance ou que vous y annexez au moment de l'opération (comme les poids), mais qui, dans sa norme unitaire, est antérieur et supérieur au fait de pesage et se rattache à la loi générale de pe-

8

santeur. Dans cette opération, vous avez soumis un phénomène à sa loi propre, vous l'avez ramené à l'unité; vous avez comparé deux choses entre elles dans leurs rapports avec une loi générale, et vous avez formulé un fait nouveau. Eh bien! notre entendement procède de même ; seulement, notre entendement, qui est vivant, est à la fois l'agent et l'instrument de l'opération. Comme la balance, il a ses deux plateaux et il a sa mesure propre. »

Vous ne comprenez rien à ce charabia, n'est-il pas vrai, madame? Ni moi non plus. Ce que je puis vous affirmer, du moins, c'est que le troisième terme est un nuage qui est dans le cerveau de M. Enfantin ; voilà tout. La balance, par exemple, est une application de la pesanteur qui a son type dans le système planétaire. La *terre* et la *lune*, en ce cas, s'attirant l'une l'autre, pesant l'une sur l'autre, se balançant, forment une balance. Il n'y a pas là de troisième terme, car le soleil et toutes les autres planètes n'existeraient pas, qu'entre la terre et la lune le phénomène n'en existerait pas moins. Dans la balance dont se sert votre voisin du coin, l'épicier, les choses se passent absolument de même : les deux objets dont on veut comparer les masses se ba-

lancent entre eux comme la terre et la lune ;
voilà tout. Seulement, comme l'opération se passe
à la surface de la terre, qui attire à elle lesdits
objets et détruit, pour ainsi dire, par son attraction *supérieure*, leur attraction mutuelle, on est
placé sur les plateaux d'une bascule, et l'on juge
alors, par comparaison, lequel pèse davantage,
non pas sur l'autre, mais sur la terre qui les porte
tous deux. Le phénomène s'est compliqué, comme
on voit, mais il n'en est pas moins dualiste dans
sa forme élémentaire ; la preuve, c'est que dans le
pesage on fait abstraction de la terre, dont l'attraction a changé la forme de l'expérience.

Ce qui vous fait illusion ici, madame, ainsi
qu'à M. Enfantin, c'est que, lorsque le marchand
pèse sa marchandise, il ne la compare pas avec
le premier objet venu : il se sert pour cela d'un
POIDS, timbré du sceau de l'État, ayant des multiples et sous-multiples, et auquel chacun est
convenu de rapporter la masse de tous les objets.
Ainsi, au lieu de dire qu'un coq est égal, pour le
poids, à un lapin, à tant de douzaine d'œufs, à
tant de grains de blé, on dit qu'il pèse tant de
kilogrammes (le kilogramme ou le décimètre
cube d'eau étant pris ici pour unité : c'est la troisième puissance de M. Enfantin) ; mais ce n'est

qu'une convention qui peut être remplacée par autant de conventions semblables qu'il y a de corps pesants, mesurables et comparables dans la nature ; ce qui revient toujours à dire que l'action de peser ou comparer est double, qu'elle implique deux termes, ni plus ni moins. Faire du kilogramme ou du décimètre cube d'eau distillée à 0 de température le régulateur et le prototype de la balance, c'est bon pour la pratique du commerce, ce n'est rien en philosophie, pas même en économie politique : c'est une naïveté d'enfant au-dessous de sept ans.

M. Enfantin raisonne de l'échange, de la monnaie, de la banque, comme du pesage. Selon lui, la comparaison des valeurs implique aussi trois termes : 1º deux objets différents que l'on compare, soit un chapeau et une paire de bottes, et un troisième qui en exprime le prix, la MONNAIE. Mais ici encore, il est clair que la monnaie, comme le kilogramme, est un signe de convention, choisi entre toutes les marchandises, pour la facilité et la rapidité des transactions ; il n'y a pas trois termes, il n'y en a toujours que deux : l'analyse économique n'a rien laissé à dire à cet égard.

Ces deux exemples suffisent pour montrer la

singulière logique de M. Enfantin. Passons aux
applications. Elles sont curieuses : la philosophie
synthétique de M. Enfantin pourrait s'appeler la
philosophie de *l'intermédiaire*.

Dans le fait du pesage, par exemple, il ne
suffit pas, vous dit-il, des deux plateaux de la
balance, il faut le poids, expression de *l'unité de
pesanteur*. Cette unité est définie par l'État,
organe de la loi générale, d'après laquelle les
deux corps mis en balance sont comparés et
appréciés. L'État, inventeur des poids et mesures, est donc l'intermédiaire obligé de tout
pesage : aussi le pesage dans certains cas, était
une fonction publique ; la balance, un instrument
public pour laquelle on payait un certain droit.
Il en reste encore des vestiges. Moi, je dis que
tout cela est fiction et qu'on ne doit rien payer.

Même chose pour l'échange :

« Dans le fait d'échange, dit-il, — toujours par
« la plume de Mme J*** L***, page 158, — il ne
« suffit pas de deux puissances individuelles,
« d'un vendeur et d'un acheteur, il faut encore
« une troisième puissance qui, en fixant la
« valeur, fasse l'unité entre les parties et rattache
« le fait particulier d'échange à une loi générale
« reproduite dans l'ordre social. Cette troisième

« puissance représente donc l'intervention de
« la société ; elle a pour instrument la monnaie. »

De là, comme tout à l'heure, un droit perçu
par la société sur les ventes et achats, droit de
circulation, de patente, de licence. Les anciens
rois de France allaient jusqu'à prétendre que la
monnaie n'étant qu'un signe, ils avaient le droit
de donner à une pièce du calibre de 1 franc la
valeur de 5 francs, de 10 francs et de 50 francs ;
ils devenaient faux monnoyeurs.

Je dis, au contraire, que la monnaie est un
fait de pure convention, une manière d'abréger
la multiplicité des trocs ; qu'au fond, les *produits*
s'échangent contre les *produits* ; que la monnaie
n'est elle-même qu'un produit, malgré le privilége dont elle jouit ; que, comme l'on s'en passait
fort bien dans les sociétés primitives, on pourrait encore aujourd'hui s'en passer tout à fait ;
qu'en tout cas, le commerce est de sa nature
gratuit et n'a de droit à payer à personne.

Même chose pour la Banque. Ici, M. Enfantin,
en défendant sa *synthèse,* combat pour son autel,
pour son foyer.

Puisque dans le *pesage* l'intervention d'un
troisième terme est nécessaire, qu'il en est de

même dans le fait *d'échange*, il en sera de même encore dans les opérations de *crédit*, qui ne sont autre chose qu'une application plus compliquée de l'emploi de la monnaie et de l'échange. L'intervention d'un troisième terme sera donc encore ici nécessaire ; cette intervention sera celle de la Banque de France, autorisée par l'État, des sociétés de Crédit foncier et mobilier, également autorisées, des agents de change privilégiés, etc., etc. Pour tous ces services, un droit sera perçu, ce sera *l'escompte*, ou *l'agio*, ou la *commission*, ou *l'intérêt ;* tous ces mots exprimant les nuances d'une seule et même chose : le droit d'intervention.

Je dis, au contraire, que l'établissement d'une Banque sociale n'a nul besoin de l'intervention d'une troisième puissance ; que cette troisième puissance est une fiction pure ; que l'État ne représente ici autre chose que la *mutualité* des citoyens, laquelle mutualité ne suppose originairement que deux *termes* comme la comptabilité elle-même, *débit* et *crédit*, prêteur et emprunteur ; que c'est ainsi que s'organise le *crédit mutuel*, dont il y a plusieurs exemples en Belgique ; qu'en conséquence, le crédit comme le commerce peut et doit un jour s'exercer sans

autre redevance que les *frais* même de l'opération.

On sait comment, dans ces dernières années,
a opéré l'école saint-simonienne. Ces apôtres, qui
devaient abolir le prolétariat et guérir la misère,
ayant trouvé, à la suite du 2 Décembre, l'occasion favorable et fait agréer leurs services, ont
fait un immense remuement de capitaux, et,
comme intermédiaires du crédit, ils ont commencé
par s'adjuger avant toute production effective
d'énormes profits. L'honneur de l'apostolat exi-
geait qu'ils enrichissent d'abord la masse, et que
leur part fût faite la dernière, comme, dans une
retraite le général d'armée se tient au dernier
rang ; comme, dans un naufrage, le capitaine
quitte son vaisseau le dernier. M. Enfantin et
les synthétistes ont tiré leur commission ; ils sont
tous millionnaires. La France en est-elle plus
riche? Je le demande à la plèbe, dont les salaires
n'ont certes pas augmenté en proportion de
l'enchérissement des produits ; je le demande à
la petite bourgeoisie, ruinée aux *trois quarts*. La
gratuité des services peut seule aujourd'hui ramener le bien-être, la liberté, l'égalité en France :
c'est le principe diamétralement contraire que
professe M. Enfantin.

Notez qu'en rappelant ces faits, je ne mets pas en doute le désintéressement de M. Enfantin : une fois pour toutes, madame, je vous déclare que je tiens les hommes et les femmes pour beaucoup meilleurs qu'ils ne paraissent.

M. Enfantin est fortement convaincu de la nécessité d'un principe d'autorité. Il croit à la prépotence de l'État et à la hiérarchie sociale. Il croit que la puissance sociale, cette puissance synthétique qui fait le fond de sa métaphysique, est antérieure et supérieure aux termes qu'elle unit ; que, par conséquent, cette existence est sacrée, et qu'elle passe avant tout. En conséquence, comme il ne désespère pas de devenir le pontife suprême et de convertir le monde à ses doctrines, il s'est dit que, pour constituer le nouveau sacerdoce, l'argent était indispensable ; qu'avec l'argent viendrait le pouvoir, et il s'est empressé, lui et les siens, de faire fortune. Il y trouvait d'autant moins de scrupules que la manière dont lui et ses amis ont fait fortune était une application de sa métaphysique ; en principe et en pratique, il s'est jugé irréprochable. Oh! je connais mon père Enfantin ; entre nous, pas de calomnie, pas d'envie, pas d'injure ; seulement, une guerre à mort!

On voit en quoi consiste la philosophie de
M. Enfantin ; cela s'appelle, en logique, *réaliser
une abstraction, une convention ;* créer en conséquence un entremettage, qui n'est autre chose,
en politique, que ce que l'on appelait autrefois
droit divin ; en morale, sacerdoce. Aussi M. Enfantin est-il essentiellement gouvernemental et
sacerdotal ; en dépit de la révolution de 89, qui
a changé radicalement l'ancien droit, et réfuté
d'avance la synthèse enfantinienne.

D'après les principes de 89, l'homme est à
lui-même son propre maître, son propre initiateur, son propre prince, son propre juge, son
propre prêtre ; j'ai expliqué autrefois, par la
théorie du travail, de l'échange et du crédit,
comment, par la mutualité, il était son propre
prêteur, son propre commanditaire, son propre
patron, son propre ouvrier, son propre serviteur.

M. Enfantin ne l'entend pas ainsi : dans tous
ces cas, il fait paraître un intermédiaire, une
troisième puissance, qui détruit la liberté, l'égalité et l'autonomie ; bien entendu que le *droit* à
payer pour cette perpétuelle entremise n'est jamais oublié. — Qu'est-ce que le juge selon lui ?
un intermédiaire supérieur qui dit le droit des

parties, interprète leurs conventions ; et qui pour cela recevait autrefois des épices. Je dis moi, que le juge tient ses pouvoirs des parties qui l'appellent, que tout homme est justicier, et que la fonction du magistrat est, au fond, celle d'un témoin ; pas davantage.

L'Angleterre, l'Amérique, la Belgique, la Suisse, etc., affirment le *self-government*, et prouvent leur dire par la plus heureuse application. La loi, disent ces nations, est l'expression de la volonté générale : elle n'a besoin, pour se manifester, que d'un débat contradictoire, d'un vote ; après quoi, elle est mise à exécution par le ministère. Il n'est nul besoin là d'aucune autorité intermédiaire. — La Révolution de 89 a dit la même chose : c'est pourquoi les diverses constitutions dites monarchiques, qui en sont sorties, ont voulu que le roi, directeur ou président, ne fût autre chose que le chargé d'exécution de la loi, à cette fin sollicité de former le ministère, mais non son auteur, son révélateur! — Certains partis, inspirés des anciens souvenirs, ont essayé d'augmenter le pouvoir personnel du roi, la prérogative de la couronne, de refaire, en un mot, du roi constitutionnel un intermédiaire à la façon de M. Enfantin et de l'ancien régime.

Mais cette tentative a depuis été déjouée; inutile d'en rappeler les raisons. On a dit que la fiction de l'irresponsabilité, celle du prince, ne prenait pas en France; sans doute, si le prince sort de ses attributions. Mais on n'a pas encore eu d'exemple d'un gouvernement qui se renfermât dans ses attributions légales ; tous veulent faire la loi; tous se font autorités. On voit que M. Enfantin et son école ne sont pas précisément des libéraux.

Dans le travail, toujours même méthode. M. Enfantin explique ainsi la maxime saint-simonienne : *A chacun selon sa capacité, à chaque capacité selon ses œuvres.* — Qui jugera, dit-il, la capacité? qui jugera l'œuvre? — Ce n'est pas l'individu capable; ce n'est pas le producteur, intéressé à exagérer son mérite ; ce n'est pas celui qui le paie, intéressé à le rabaisser. — Il faut donc une *troisième puissance*, interprète et organe de la loi générale, qui distribue les fonctions et les rémunérations, qui assigne les rangs et les aptitudes. Ainsi se passaient les choses à Ménilmontant?

Voici maintenant le bouquet,

Le catholicisme, religion du droit divin, qui affirme la nécessité d'un sacerdoce, qui fait du

prêtre un intermédiaire entre la conscience de
l'homme et sa liberté; du juge, un intermédiaire
entre les parties; du banquier, un intermédiaire
du commerce; du prince, un intermédiaire de
tous les rapports sociaux et politiques; le catholicisme n'était jamais allé jusqu'à supposer,
dans le mariage, l'existence d'aucun intermédiaire. Le prêtre donnait la bénédiction aux
conjoints, mais il leur laissait la liberté de se
choisir eux-mêmes; il ne paraissait point dans
l'union. Il en est de même de l'officier muni-
cipal chargé du mariage civil : il reçoit la *déclaration* des époux et l'enregistre, afin que tout
le monde sache que tel et telle sont mari et
femme.

M. Enfantin n'a pas la même réserve. L'homme
et la femme, vous dit-il, sont les deux premiers
termes de l'équation. Mais où est la troisième
puissance qui les unira? Cette puissance, c'est
encore la société, vous dit-il, c'est-à-dire le
prince ou pontife, dépositaire de ses pouvoirs.
Non-seulement, donc, cet intermédiaire constate
l'union, mais il la forme : c'est lui qui, dans la
théorie enfantinienne, juge de l'*aptitude* des
époux, de leur *convenance* mutuelle; c'est lui, en
un mot, qui distribue aux hommes leurs épouses,

9

aux femmes leurs époux, selon la science certaine
qu'il ? de leurs sympathies et de leurs antipathies : c'est lui, ensuite, qui prononce leur séparation, quand leur mutuel amour est épuisé;
qui les engage en de nouveaux liens; c'est le
prêtre androgyne, en un mot, qui fait et défait
les unions amoureuses, détermine leur durée.
Car tout est *relatif;* car l'*idéal* change, ne l'oublions pas; car, enfin, l'amour est LIBRE.

Or, si l'on suppose qu'ici, comme dans la
banque, comme dans la politique, etc., l'*entre-
metteur* a droit à une taxe, je laisse à penser ce
que peut devenir un pareil entremettage? Jusqu'à
présent, nous avons été dans la pornocratie;
maintenant quel nom donnerez-vous au prince-
pontife chargé de la pourvoyance des femmes et
des maris? Que dites-vous de cette synthèse?
Elle a un nom dans la langue de la prostitution.

Je m arrête : j'en ai dit assez pour faire comprendre à quiconque lira ces pages que votre
métaphysique, que la métaphysique de M. Enfantin n'est autre chose que confusion, gâchis,
chaotisme, réalisation d'abstractions et négation
de réalités; que vous ne comprenez pas le sens
des mots : *abstrait, concret, absolu, relatif, cer-*

titude, vérité, universel, loi, thèse, antithèse et
synthèse ; idéal, justice, progrès ; que toute
votre philosophie se réduit à une promiscuité de
notions, et que la promiscuité des notions vous
conduit à la *fantaisie pure,* dans le *droit,* la
science, l'*art* et les *mœurs ;* à l'arbitraire dans le
gouvernement, à l'agiotage dans les affaires, à
la concussion dans la justice ; à la prostitution et
au proxénétisme dans l'amour ; pour tout dire
d'un mot, à la PORNOCRATIE.

Qu'ai-je besoin, après cela, de répondre à vos
critiques sur ma théorie du mariage? Vos objections sont la conséquence du gâchis intellectuel
qui vous distingue ; est-ce que je puis répondre
à une personne qui ne se comprend point, et qui
fait profession de gâchis? .

Vous niez que le couple conjugal soit l'organe
juridique, l'élément primitif de la société humaine
donné et constitué originairement par la nature :
cela se comprend ; vous ne reconnaissez pas de
justice ; ce n'est pour vous qu'une idée variable,
qui n'a pas sa vie dans la conscience de l'individu,
et qui, pour devenir quelque chose, a besoin
d'une troisième puissance, Dieu, prince, ou pontife, qui la fasse prévaloir.

Quant au couple conjugal, que vous reconnaissez, vous en niez la réalité collective, parce que votre intellect ne saisit pas les existences collectives ; et vous faites de ce couple une mécanique amoureuse.

Vous repoussez l'indissolubilité du mariage, c'est tout simple. Le mariage, exprimant, selon moi, la charte primitive de la conscience, doit être indissoluble, parce que la conscience est immuable. Les vœux sont une symbolique du mariage, l'homme, se saisissant lui-même, n'a plus que faire du symbole. Selon vous, au contraire, la justice n'est qu'un rapport variable ; elle est subordonnée à l'idéal, lequel lui-même est variable ; d'autre part, le mariage, ou plus simplement l'union des sexes, est l'organe de l'amour, l'idéal par excellence et le plus puissant, mais toujours variable, susceptible de plus et de moins. Comment accorderiez-vous cette indissolubilité ? — A ce propos, vous faites cet étrange raisonnement : l'État a aboli les *vœux perpétuels*. Or, le mariage indissoluble est un vœu perpétuel, que chacun peut faire à sa guise, mais que l'État ne doit plus recevoir. Et vous ne voyez pas que les vœux perpétuels, en religion, ont été institués à l'exemple du mariage, qui est perpétuel !

Vous rejetez la famille, c'est tout simple encore.

Les époux ne s'unissant pas, sous la loi du dévouement, pour la pratique, la réalisation et la
propagation du droit, ils ne forment pas une
création juridique, qui s'accroîtra de la naissance
des enfants et plus tard de leurs mariages. C'est
une société d'amour, dominée par une troisième
puissance, qui s'entremet entre l'époux et l'é-
pouse, à laquelle peut être momentanément con-
fiée l'éducation des enfants qu'elle produit, mais
qui n'a aucun droit de justice ni de propriété sur
lesdits enfants, lesquels relèvent de la troisième
puissance encore plus que de leurs parents.

Vous repoussez l'hérédité : c'est naturel, puisque vous ne reconnaissez ni la valeur juridique
du mariage, ni celle de la famille, ni celle des
enfants, ni celle de la paternité et de la filiation,
et que toute propriété, tout travail, toute richesse,
relèvent, selon vous, d'une troisième puissance,
antérieure et supérieure à l'homme, au citoyen, au
travailleur, au propriétaire. Moi, qui tends à éli-
miner de plus en plus l'action du gouvernement,
je trouve logique, naturel, moral, que les biens
se transmettent des pères aux enfants, sans autre
forme de procès; j'aime mieux m'exposer aux
erreurs de la nature qu'à l'arbitraire d'une administration. Vous, au contraire, qui envisagez tout

de haut, en vertu de la maxime, *à chacun selon sa capacité*, vous faites intervenir sans cesse l'autorité publique ou sacerdotale, juge de la capacité et des œuvres.

De ce que l'homme et la femme, représentant en prédominance, l'un la force, l'autre la beauté, sont, au for intérieur, équivalents, vous les proclamez égaux au for extérieur, et vous revendiquez en conséquence pour la femme similitude de fonctions, de travaux, d'industries, d'attributions.—C'est une confusion évidente : mais c'est logique, et de plus nécessaire. La famille étant niée, l'homme découronné, la femme ravalée au niveau de la concubine, le mariage réduit à l'amour, l'éducation des enfants un mandat de l'autorité publique, la vie privée, par conséquent réduite à rien, il faut bien que la femme devienne fonctionnaire public, à peine de n'être plus rien. Alors, en dépit de la nature et du bon sens, vous êtes forcée de chercher à la femme des attributions en dehors de son sexe; de lui créer de plus gros muscles, un plus large cerveau, des nerfs plus forts; vous la rendez homme, vous la dénaturez, l'enlaidissez, en un mot vous l'*émancipez :* je vous répète que c'est logique; la confusion jusqu'au bout.

Admettant cela possible, c'est le désordre;
plus de famille, plus de justice, plus de vertu,
plus d'amour. La justice n'est plus une religion.

Pourquoi, demandez-vous, l'homme et la
femme ne seraient-ils pas, au for extérieur,
équivalents comme ils le sont à l'intérieur, s'il
est vrai que *force* et *beauté* soient équivalents?
— A quoi j'ai répondu que la force et la beauté
étaient choses incommensurables; que les services de l'une pouvaient se vendre; l'autre, non.
C'est l'application du principe même de l'esthétique, qui met hors le commerce la vérité, la
beauté et la justice, et les déclare non vénales, à
la différence des œuvres de l'industrie, qui seuls
tombent dans l'échange. Mais vous, qui opérez
tout à l'aide du *troisième terme*, vous n'êtes pas
de cet avis; vous dites : *Entre la force et la beauté
il y a compensation;* ce qui veut dire que l'une
peut très-bien payer l'autre, et ce qui constitue
par conséquent la vénalité de la femme. La force,
c'est l'argent; — la beauté, c'est le corps; — la
troisième puissance, c'est le *lupanar*. Et vous
n'en sortirez pas, tant que vous ferez l'*amour
pour l'amour*, que vous chercherez l'*idéal* pour
l'*idéal* que vous ne reconnaîtrez que des vérités
relatives, des droits relatifs, et que vous affir-

merez, comme solution, votre synthèse : l'autorité.

— Pour une idéaliste (je m'étonne que vous ne
compreniez pas cela), c'est une des choses qui
relèvent le plus votre sexe.

Si, répondez-vous, j'en sortirai : je rendrai la
femme productrice, aussi bien que l'homme. —
Alors ils échangeront produit pour produit, et
amour pour amour.

Bon, si la femme travaille réellement ! mais si
elle ne travaille pas, comme en Amérique ? Extrémité : on échange les rôles.

Vous parlez d'*égalité*. — Il faut dissiper cette
équivoque.

Vous ne voulez pas d'égalité, vous êtes une
aristocrate. Il vous faut des *crèches*, des *asiles*,
pour occuper vos maîtresses, vos présidentes,
vos juges, etc.

Chez vous, les deux sexes, en tant que sexes,
et en tant que personnes, sont égaux ou équivalents, c'est vrai ; mais il ne s'ensuit pas, pour
cela, que tous les individus, mâles et femelles,
soient égaux entre eux ; au contraire. La hiérarchie saint-simonienne repose sur la non équivalence.

On trompe les imbéciles avec cela. M. un tel se
dit égalitaire, parce qu'il tend à l'égalité entre

tous les hommes; nous le sommes bien davantage, nous qui tendons à l'égalité entre les *hommes* et les *femmes*.

Mon avis à moi est différent.

Tous les individus, les hommes de même race, sont égaux devant la loi, et le but de l'éducation est de les rendre équivalents par la science, l'industrie, l'art et le travail.

L'homme et la femme sont égaux au for intérieur, comme personne; mais, attendu la différence de leurs facultés, l'homme reste supérieur dans le travail et la vie de relation; — la femme ne recouvre sa dignité que par le mariage et l'accomplissement des devoirs qu'il lui impose. Toute autre égalité est fausse.

— Vous dites : la force, l'intelligence, le talent, chez l'homme comme chez la femme, varient à l'infini. Qui sait si, par un changement de régime, on ne parviendra pas à tout égaliser entre les deux sexes? Qui sait si la femme ne peut pas être rendue aussi vigoureuse, aussi agile, aussi capable de science, que l'homme? Qui sait si l'homme ne peut pas acquérir la beauté, la grâce, la tendresse de la femme?

C'est ainsi que raisonne l'impuissance obstinée. Elle s'attache à des *peut-être*. Ce peut-être

tient encore à la confusion de vos idées. C'est
comme si vous disiez : Tout est relatif dans mon
entendement, tout varie, tout change, et tout
danse. Qui sait s'il n'en est pas de même dans
la nature? Qui sait si le chêne n'est pas en train
de devenir roseau, la colombe hérisson, et réciproquement? Qui sait si la terre, après avoir
pirouetté cent mille ans autour du soleil, ne
tombera pas dedans?...

Raisonnez-donc avec des gens qui vous répon-
dent par des peut-être. Faites des lois en prévision de la fin du monde!.. Négation de la
fixité des lois et des types dans la nature : signe
de maladie mentale. — Nous la retrouvons chez
Mme Jenny d'H***.

Qu'est-ce donc que le progrès? objectez-vous
(p. 81). — « La femelle du gorille ou du gibbon
« n'est guère moins forte que le mâle, et celui-
« ci n'est guère moins beau que sa compagne.
« Entre Adam et Ève, la différence n'est pas plus
« grande. » Là-dessus vous citez des vers de
Voltaire.

C'est vous, madame, qui avez écrit cela; et
qui témoignez de votre peu de respect pour vos
ancêtres. Ce qui ne vous empêche pas de me
reprocher ailleurs, très-mal à propos, d'avoir

comparé la femme (la femme émancipée sans doute) à la guenon.

Eh bien! madame, vous confondez deux choses : le progrès et l'échelle des races. Tous les peuples, aujourd'hui civilisés, ont passé par des degrés divers de civilisation : sauvagerie, barbarie, patriarcat, etc., mais chacun d'eux est resté fidèle à lui-même : le Germain, le Grec et le Celte ne furent jamais des Niam-Niam; l'Hindou et l'Arien jamais ne furent à comparer aux Patagons et aux Esquimaux; pas plus de comparaison à faire entre un Sémite et le naturel de la Nouvelle-Hollande. Jamais la Vénus hottentote n'enfanta les *amours*. Les races fortes et belles absorberont ou élimineront les autres : c'est fatal; et vous vous prévalez d'une fausse apparence, qui témoigne bien de l'obscurcissement de votre esprit.

Vous invoquez l'histoire, et vous dites : L'humanité se perfectionne à mesure que la femme, devenue plus libre, acquiert plus d'influence dans la société. — Que voulez-vous dire par-là? La liberté de la femme est-elle la cause ou l'effet du perfectionnement général, ou n'en est-elle qu'un TRAIT particulier? Vous ne distinguez rien, et chaque parole qui sort de votre bouche est un torrent de fumée. Eh bien! madame, voici ce que l'histoire nous apprend : Au commencement, les unions étaient fortuites, passagères ; hommes et femmes n'en étaient pas plus libertins, n'y mettaient ni raffinement, ni malice. Puis les couples se formèrent : polygamie et concubinat. Enfin, le mariage fut institué ; *facta est sanctificatio ejus.* Privilége du patriciat, il fut reconnu ensuite à la plèbe ; — le christianisme en fit à son tour un sacrement. Nous en sommes là. Trouvez-vous que le progrès soit à l'amour libre?... Plus d'une fois, les mœurs de famille ont faibli parmi les nations ; elles sont retombées dans la promiscuité, et elles en sont mortes : Que pensez-vous de ce symptôme? Quant aux embarras domestiques, tant reprochés au mariage, il est clair qu'ils viennent du système économique, de cette mauvaise organisation du travail et du capital, que vous prétendez consacrer et développer encore par votre fameuse *synthèse;* il est par trop outrageux d'accuser le mariage du mal que lui font précisément ses ennemis.

Vous niez, avec de grands éclats de rire, le droit de la force.

Sans doute, madame, la personne humaine seule a des droits, car seule elle est libre, morale et respectable. Cela ne nous empêche pas de dire, en classant les droits de l'homme selon ses facultés, qu'il y a un droit de l'intelligence, un droit du travail ; vous reconnaissez vous-même, en faveur de la femme, un droit de la beauté. Pourquoi n'y aurait-il pas aussi un droit de la force ? Ne répétez donc pas, comme un enfant sans discernement, vos fables de La Fontaine : *La raison du plus fort est toujours la meilleure!* Quand on a dit cela, on croit avoir tout dit. Non, vous répondrai-je, la raison du plus fort n'est pas toujours la meilleure ; mais elle l'est quelquefois, souvenez-vous-en.

Je n'ai pas vis-à-vis de vous le droit de la force, madame : s'il en était autrement, vous pouvez être convaincue que de votre vie vous n'eussiez touché une plume. Mais j'ai le droit de la critique, et j'en use sans miséricorde. Votre brochure est une attaque, très-peu voilée, mais profondément hypocrite, au mariage et à la famille. Pour la faire passer, vous vous êtes attaquée à l'homme que la police correctionnelle, par des motifs que je ne veux point discuter, venait de condamner comme coupable d'attaque à la morale publique et religieuse ; vous avez cherché à intéresser à votre cause toutes les femmes, en mettant mon ouvrage en lambeaux, et présentant, comme si elles s'adressaient à toutes les femmes, des paroles qui ne tombaient que sur vous et sur vos pareilles. — Vous vous êtes entourée d'équivoques, vous avez couvert vos pensées d'expressions pudiques, vous avez parlé du mariage avec une affectation de respect, comme si vous l'eussiez vengé d'une absurde théorie. Vous avez préconisé le parfait amour, si doux au cœur des femmes ; vous avez cherché à éblouir vos lecteurs, tantôt par la plaisanterie et le sarcasme, tantôt par une affectation de métaphysique qui ne pouvait manquer d'imposer aux niais.

. . . .

. . . .

NOTES & PENSÉES

Citations de Cornélius Agrippa, sur la femme, extraites de la monographie de Marguerite de Bourgogne, régente des Pays-Bas, par Altmeyer, *De feminei sexûs præcellentiâ*, traduit par Guendeville.

« L'homme, c'est Adam ; c'est la nature, la « chair, la matière. La femme, c'est Ève, « c'est la vie, c'est l'âme, c'est le mystérieux « tétragramme הוהי ou יהוה de l'ineffable toute- « puissance divine. Aussi la femme est-elle « le complément de la création ; après lui « avoir donné l'existence, Dieu se reposa comme « fatigué d'une œuvre aussi parfaite. La femme « eut pour berceau le paradis, l'homme reçut le « jour au milieu des brutes. La femme est supé-

« rieure à l'homme par l'esprit autant que par
« la beauté, ce reflet de la divinité, ce rayon de
« la céleste lumière; bien plus, la femme, c'est
« Dieu lui-même. »

« Dans ce livre étrange, poursuit le citateur,
on trouve plusieurs passages où l'auteur émet
sur la condition des femmes des idées justes et
fort avancées; car tout ce qui existe dans notre
société est privé de ce moelleux de formes, de
cette souplesse, de ce charme, que cependant on
demande à tout; et pourquoi? C'est que l'homme
seul a mis sa main calleuse à l'ouvrage et n'a
rien laissé faire à la femme, c'est-à-dire à la
grâce qui achève tout. Qui a bâti, sculpté, écrit,
peint? Ce sont les hommes, jamais les femmes.
L'art n'a qu'un sexe, il est mâle; tandis qu'il
devrait réunir, et il les réunira un jour, la puissance du sexe évidemment le plus fort, et la tendance du sexe le plus faible. Alors les temps
seront venus et accomplis pour la beauté de
de l'expression idéale. »

Hélas! si l'homme a tout fait, c'est que la
femme est sans génie et sans initiative. Elle ne
sait! D'ailleurs à quoi bon? L'art n'est-il pas
féminin de sa nature, bien que ce soient des
hommes qui l'exercent? ne tend-il pas assez à

l'effémination ? Que les femmes s'en mêlent, il devient fade, il se souille.

Altmeyer reconnaît d'ailleurs que la thèse d'Agrippa n'est qu'un paradoxe à l'abri duquel il se donne carrière contre la Bible, ses histoires scandaleuses, et ses dogmes... Dans un autre ouvrage, Agrippa s'exprime avec moins de galanterie sur le compte du beau sexe : *De incertitudine et vanitate scientiarum atque artium declamatio.*

En général, selon Agrippa, tous les arts, toutes les sciences, toutes les professions de la vie n'aboutissent qu'à un résultat malheureux ou inutile.

« Toutes les vérités de la vie, dit-il, me l'ont
« fait prendre en dégoût. La vérité de la science
« m'a rongé d'ennui; la vérité de l'amitié m'a
« montré l'ombre et refusé la réalité; *la vérité*
« *de l'amour m'a fait connaître les femmes, moins*
« *pour être heureux avec elles que pour apprendre*
« *combien l'amour est loin du bonheur.* »

***

Nous ne CONNAISSONS pas les femmes ?

Qu'entend-on par connaître ? — Personne ne

les connut mieux que Fénelon, dont l'innocence ne fut jamais soupçonnée.

Connaître, c'est observer dans la vie privée et dans tous ses actes et manifestations et conditions.

C'est suivre dans l'histoire, depuis l'état de nature, jusqu'au plus haut degré de civilisation.

C'est étudier le physique et le moral; mesurer les forces, juger les productions, les livres, le travail, le style.

C'est interroger les observations déjà faites par les écrivains antérieurs, par les philosophes, les voyageurs, les naturalistes, les phrénologistes, les poètes, les actes de justice criminelle.

Connaître, c'est avoir reçu la confession de toutes sortes de personnes, jeunes gens, vieillards, maris, amants, filles et femmes.

Connaître, c'est enfin avoir à son tour éprouvé les affections de famille, l'amour sous sa double face : la famille, la paternité; avoir été frère, fils, ami, confident, père, etc.

Connaître, c'est avoir, pour tout dire, étudié l'hygiène et la pathologie de l'amour, sinon par expérience, au moins par observation.

Le médecin est-il tenu d'avoir la fièvre pour la connaître, ou de s'inoculer la peste pour

la traiter? Faut-il avoir été mordu de la vipère
ou étranglé par le lion pour les connaître?

[*Nous ne connaissons pas les femmes?*] Imper-
tinence de petite fille, de jeune fat ou d'ignoble
débauché.

Mais puisqu'on n'admet que l'*expérience actuelle :* faut dire d'abord que jusqu'à l'extrême
vieillesse, le sentiment amoureux se soutient;
qu'il faiblit seulement, mais ne s'éteint pas; que
l'homme de cinquante ans est dans le même état
que celui de vingt, sauf la longue expérience
qu'il a de plus, et la volonté qu'il a d'en finir
malgré tout; que par conséquent le meilleur juge
est celui qui a vu le plus.

⁎

Toutes les femmes ne sont pas jolies. — Objection de PETITE FILLE.

Nous raisonnons du sexe pris dans son universalité, de la femme, dans l'ensemble de ses
facultés physiques, morales, intellectuelles.

D'après cela, la beauté des unes sert aux autres,
et comme elle est la moins importante, qu'il
dépend de toute femme d'acquérir de l'instruction, de bonnes habitudes, de se montrer dili-

gente, douce et sage, j'ai raison de dire que la
beauté est à toutes.

* *
*

De quoi donc les femmes ont-elles à se
plaindre ?...

Oui, sans doute, il y a des créatures qui ont
lieu d'être mécontentes, mais leur cause n'est
pas celle du sexe; pas plus que le triomphe de
leurs souteneurs n'est celui du droit.

* *
*

Les honnêtes femmes ont la faiblesse, dès
qu'on parle de leur sexe, de se rendre solidaires
des mauvaises. Faut-il donc leur répéter cent
fois la même chose? Il est admis, par moi comme
par les autres, que les femmes, incontestablement
inférieures pour la force physique, le génie, l'industrie, la philosophie, la politique, l'art et les
affaires, reprennent un certain avantage dans la
pratique des vertus domestiques, dans cette moralité de tous les instants, plus difficile peut-être
que l'héroïsme. Cela tient à la sensibilité naturelle, à la passionnalité de leur sexe, à leur idéa-

lisme, à leur tendresse. Malheureusement, il faut ici dire encore que cette supériorité spéciale qu'elles obtiennent sur nous est balancée par une puissance d'immoralité égale, à laquelle nous n'atteignons pas davantage, nous autres hommes. D'où il résulte que les bonnes femmes ne formant que l'élite du sexe, élite peu nombreuse, noyée dans la masse, il faut considérer la moralité moyenne du sexe, appuyée sur le sentiment seul, comme inférieure à la moralité moyenne des hommes.

Ce n'est pas là une calomnie inventée à plaisir : c'est la conclusion logique des faits. Qu'y puis-je donc?...

Êtes-vous une honnête femme, une bonne femme, vous que soulèvent mes paroles? — Je vous canonise; je fais plus : je m'agenouille devant vous, je vous adore et je vous AIME. Et tenez pour certain que ce dernier mot dans ma bouche est le plus fort dont je puisse me servir pour témoigner de mon sentiment; car si je ne regarde qu'aux moyennes, je suis forcé d'en convenir, honnête femme que vous êtes, et devant laquelle se prosterne mon cœur et ma raison, je n'aime guère votre sexe et en fais encore moins de cas.

Que voulez-vous donc de mieux et de plus?

La femme, à l'état primitif, édénique de nature,
peut bien chatouiller en nous la sexualité comme
les femmes des îles Pacifiques ; mais elle a peu de
droit à notre affection et à notre considération. Et
moins la femmme civilisée s'éloigne de cet état
primitif, moins elle a droit à exercer un empire
quelconque, si ce n'est celui de la chair et des
sens. Soyez donc ce que l'on demande de vous :
douce, réservée, renfermée, dévouée, laborieuse,
chaste, tempérante, vigilante, docile, modeste, et
non-seulement nous ne discuterons pas vos
mérites ; mais nous vous mettrons sur l'autel, et
nous nous donnerons à vous corps et âme.

Et que l'énumération de tant de vertus ne vous
effraye pas : c'est toujours la même au fond qui
revient ; soyez MÉNAGÈRES, ce mot dit tout. Ni
l'amour, ni l'amour-propre, n'y perdront rien, je
vous jure.

*
* *

Je crois que c'est élever très-haut la femme que
de l'appeler *compagne de l'homme.* Heureuse et
louable celle qui peut mériter un pareil titre ;
mais petit et peu digne d'estime celui qui n'est
pas fort au-dessus de cette compagnie ! — La

femme n'est point une servante, ni une mercenaire, pas plus qu'une concubine. Je l'appellerais
volontiers une pupille, dont la vie est une émancipation perpétuelle, et qui finit par la mort.
C'est pourquoi, en principe, aucune femme ne
devrait être réputée *sui juris sui compos :* elle est
censée éternellement en tutelle de père, frère,
oncle, mari, voire même amant, là où le concubinat est reconnu par la loi. A défaut de tuteur
né, la loi doit en assigner un parmi les per-
sonnages officiellement désignés pour faire partie
du conseil de famille : maire, juge de paix, chef
d'atelier, etc.

Et je dis ceci, non pas tant à cause de la faiblesse du sexe que pour sa sécurité. Les femmes
ne seront pas loin de jouir de toute la liberté
dont elles ont besoin, quand elles seront ainsi
placées sous la protection sociale ; quand chacune d'elle aura son protecteur né ou légal, tenu
de la conseiller, etc.

**

Femmes reines. — Elles ont joué un vilain rôle
en Pologne.

Rixa, Bona, les archiduchesses Marie Gri-

silda, Louise de Gonzague, Marie d'Arquien,
autant de scélérates. Les seules exemptes de
blâme sont celles qui n'ont pas fait parler d'elles
dans l'histoire.

Un des vices essentiels de la royauté, à la
différence des autres fonctions de l'État, c'est
qu'elle est représentée par un couple : il y a un
roi et une reine. — Assurément, tout fonctionnaire public, tout magistrat peut être abordé par
sa femme : le procès de Beaumarchais le prouve.
Mais quelle différence! Le système constitu-
tié nhel a réduit l'influence des femmes; elle est
demeurée considérable, et, sans sortir de mon
pays, j'ose dire que cette influence n'a pas été
bonne.

Une femme-reine peut se soutenir dans deux
cas contraires : Dans un état constitutionnel, où
le roi ne légifère, ne gouverne, ne décide rien,
tel que l'Angleterre; — ou bien dans un despotisme absolu, où le caprice fait loi, où l'obéissance est passive. — Tous les journaux anglais
reconnaissent aujourd'hui que le prince Albert
fut le conseiller intime et le guide de Victoria.
Se serait-elle mieux tirée d'affaires dans la position d'une Catherine II, d'une Sémiramis, d'une
Zingha? — Et encore, qui nous dit que ces fa-

meuses reines ne furent pas des marionnettes entre les mains de leurs amants ? La femme Zénobie, plus chaste qu'Élisabeth, marcha bien tant qu'elle eut près d'elle son conseiller Longinus, et qu'elle resta libre. Vaincue par Aurélien elle perd contenance et livre ses amis.

***

Égalité des sexes. — Ce sophisme s'accrédite à certaines époques de fatigue, d'épuisement, surtout d'*oppression* et d'*exploitation;* quand la masse des mâles a été transformée en bêtes de somme; quand l'iniquité rend le travail peu lucratif, la vie difficile, le mariage périlleux, la génération onéreuse, la famille impossible.

Alors le mariage est déshonoré par l'intérêt; la loi de *succession* regardée comme une spoliation; la famille abandonnée pour l'ÉTAT. Tout le monde se rejette sur l'État. La liberté est niée. Plus de justice: elle a faibli dans les âmes; on appelle à la force.

On attribue au mariage les maux et les misères qui sont l'effet de l'ordre social; et l'on fuit le mariage et son esprit de dévouement, de renoncement;

Retour à l'amour pour l'amour, voluptueux, changeant ;

On passe à l'union concubinaire ; mais on ne s'y arrête pas longtemps ;

Amour papillonnant, polygamique et polyandrique ;

Communauté, promiscuité, confusion des sexes ;

Dégradation de l'homme qui s'effémine ;

Dégradation de la femme qui se prostitue ;

Dissolution du corps social qui tombe en tyrannie et sodomie.

Vous reconnaissez-vous à présent?

Cette déduction finale, je l'ai appuyée sur des faits :

J'ai montré par l'exemple des anciens et des modernes, des païens et des chrétiens, par les théories des philosophes et par celles de l'Église, que c'est exactement ainsi que les choses se passent ;

J'ai dit qu'en ce moment, soixante-douze ans après la Révolution de 89, nous sommes dans la même situation qu'au premier siècle ;

J'ai retrouvé dans les sectes de l'époque, icariens, humanitaires, saint-simoniens, phalanstériens, dans toute cette bohème artistique et littéraire, les mêmes tendances, le même esprit, la même dépravation que chez les gnostiques.

Poussant l'examen dans le dernier détail, j'ai démontré, par d'illustres exemples, que la femme qui s'éloigne de son sexe, non-seulement perd les grâces que la nature lui a données, sans acquérir les nôtres, mais retombe à l'état de femelle, bavarde, impudique, paresseuse, sale, perfide, agent de débauche, empoisonneuse publique, une Locuste, une peste pour sa famille et la société.

J'ai dit cela et je le redis : j'ai donc accusé, et j'accuse de la corruption contemporaine, de la décadence française, et d'une partie de l'Europe, entre autres causes, les idées mises en circulation sur la femme.

Le nivellement des sexes aboutit à la dissolution générale.

Sans une disparité radicale d'attributions, il n'y a ni famille ni mariage.

Sans ménage et sans famille, point de justice, point de société : l'égoïsme pur, la guerre civile, le brigandage.

Le cœur de l'homme doit être plein de la volupté

de commander chez lui : sans cela l'homme
disparaît.

***

J'ai fait la critique de saint Paul, et on me dit
que je copie saint Paul. — Mauvaise foi. Ce que
je reproche à saint Paul c'est de raisonner de
l'amour et du mariage, exactement comme
M. Enfantin, moins la subordination, que celui-
ci n'admet pas.

***

Me reprocher d'ignorer tel ou tel fait! —
Qu'est-ce que cela fait à ma raison? — C'est
comme si vous me reprochiez les fautes de gram-
maire et de syntaxe qui pullulent dans mon livre :
qu'est-ce que cela fait à mon style?

***

On dit : plus les femmes ont obtenu de liberté
et de respect, plus la société a été développée.

C'est l'inverse qui est le vrai : plus une race
d'hommes offre d'intelligence, de capacité, de

poésie, plus elle a témoigné de respect pour le
sexe et moins elle lui a donné de liberté.....
Exemples : races *germanique, grecque* et *latine.*

***

On n'intervertit pas les attributions.

On ne change pas son sexe.

L'homme qui le fait devient ignoble, misérable,
impur.

La femme qui le fait devient laide, folle, catin,
guenon, etc.

***

Vous vous prétendez chaste ; et, par un raisonnement à vous, vous en êtes déjà à prétendre que les fautes que se permet l'homme
contre la pureté ne sont pas plus répréhensibles
chez la femme.

***

MM. Lemonnier, Fauvety, Massol, Guépin,
Brothier, Renouvier, Antonio Franchi, etc.,
forment le personnel de la *Revue philosophique*

et ils sont vos amis. J'ai donc ainsi raison de supposer que vos opinions sont les leurs ; donc qu'ils parlent ! qu'ils s'expliquent ! Pas d'hypocrisie ! Il faut que toutes les opinions viennent au jour ; que toutes les doctrines se produisent. Nous sommes en temps *révolutionnaire ;* FINISSONS VITE !

Si vous êtes aux trois quarts folle, je les en accuse.

***

Vous êtes une église de proxénètes et de dévergondées. Voilà mon dernier mot.

Le saint-simonisme, ou la pornocratie, rend haïssable jusqu'à la femme.

***

L'influence féminine a été, en 1848, une des pertes de la République. G. Sand, femme et artiste, composant avec J. Favre, autre artiste, les bulletins fameux, c'était la République tombée en quenouille.

Où était l'homme, dans le gouvernement provisoire ?

Lamartine, artiste ; Crémieux, artiste ; A. Marast, artiste ; Louis Blanc, artiste ; je m'arrête. L'élément féminin était ici en majorité. Arago était un homme, je le crois ; mais, à cause de cela, relégué dans la marine, un instrument, un outil.

**

Pire espèce des affranchies : les *esprits forts*, celles qui se mêlent de philosopher, et qui ajoutent à leur travers la prétention d'une doctrine, l'orgueil d'un parti, l'espoir d'une dépravation de la société.

Signe particulier : *Détraquement de la raison*, entraînant l'évanouissement de la pudeur et la perte du sens moral.

Chez les artistes dramatiques, lyriques, chorégraphiques, l'émancipation vient par les sens et l'imagination. Jésus a parlé à la Madeleine : c'était une artiste. La vraie courtisane, au sens antique du mot, était une artiste, une prêtresse même : les bayadères, les almées, sont des artistes.

L'esprit fort femelle est encore autre chose.

C'est une poule qui chante le coq : idée fixe,

copier, calquer, et singer l'homme, à tort et à travers.

* * *

Est-on las de nous promener de tyrannie en tyrannie! — Les enfants à la société, apparemment que les fonctionnaires publics, *bonnins* et *bonnines*, vaudront mieux pour les enfants que leurs auteurs!... C'est de la raison, cela?

Rêve d'utopiste célibataire, et d'émancipée célibataire.

La nature a fait pour nous la meilleure part de la besogne, et nous la contrarions dans ses lois.

* * *

Si instruite que soit la femme, tu verras bientôt qu'elle ne sait guère, et que son babil est plus insupportable que le bavardage de l'ignorance.

* * *

J'ai vu une femme haranguer. Son mari avait

l'air tout glorieux. Il avait l'air de dire au public :
quel homme je suis! moi qui suis le mari d'une
femme qui improvise !...

*
* *

Contre les femmes émancipées :

Vous nous déplaisez ainsi; nous vous trouvons laides, bêtes et venimeuses : qu'avez-vous
à répliquer à cela? A qui vous souciez-vous de
plaire? au bouc des sorcières, à Belphégor, à vos
Kings-Charles ?... Faites-donc; et quand la
pudeur sera revenue aux mâles, ils vous noieront
avec vos amants dans une mare.

A cela répliquez-vous que nous vous *déplaisons*
aussi? Soit : alors c'est la guerre. Question de
force.

*
* *

Quelle étrange prétention à ces créatures de
vouloir que nous les aimions, alors que nous ne
les trouvons pas aimables !

Que nous les traitions en Vestales, quand nous
les savons juste le contraire !

Le christianisme a canonisé trois ou quatre

femmes galantes : Madeleine, Thaïs, Afra, —
mais après leur pénitence ; notez cela. Aujour-
d'hui on voudrait nous les faire encenser impé-
nitentes !

*
* *

Faut croire que les fatigues cérébrales agissent
sur la matrice à la façon de l'*agnus-castus*
ou des cantharides : n'est-ce point assez pour
que le père de famille, le mari, l'amant, les
interdise à sa fille, à sa femme, à sa fiancée ?

*
* *

J'ai prié un de mes amis de rassembler des
notes pour une biographie de nos dames
auteurs : j'ai été désespéré dès la première série.

*
* *

Une femme ne peut plus faire d'enfants quand
son esprit, son imagination et son cœur se
préoccupent des choses de la politique, de la
société et de la littérature.

***

Elles ne suffisent plus à leur tâche, et elles nous parlent d'être juges, médecins, apothicaires, préfets et *préfètes;* que sais-je? gendarmes aussi, et dragons!

***

Notez que les femmes à qui on a enlevé le blanchissage, la boulangerie, le soin du bétail, ont encore abandonné le *tricotage* et la *couture.* — J'ai vu ma mère faire tout cela. Elle pétrissait, faisait la lessive, repassait, cuisinait, trayait la vache, allait au champ lui chercher de l'herbe; tricotait pour cinq personnes, et raccommodait son linge.

***

Rôle de la femme. — *Nourrice et gestatrice.* D'où vient que l'enfant ressemble à la mère? L'explication est donnée par les abeilles : influence de la nourriture. Les abeilles produisent à volonté, avec le même œuf, une *reine,* un *mâle,* une *ouvrière!*

Quid vero, si la nourriture première du germe est la propre substance d'une femme? d'un être vivant?

Il n'y a pas d'autres générations que des générations SPONTANÉES.

Elle est spontanée dans la cellule de la plante; elle est spontanée dans la plante zoosporée; elle est spontanée dans le rotifère; elle est spontanée dans le polype, ou ne se distingue pas de l'accroissement; elle est spontanée dans l'homme, qui forme, lui, le germe!

Tout cela est grand, sublime et beau.

***

Je n'ai que faire, moi, de *phrénologie*, d'*anatomie*, de *physiologie*; c'est l'affaire des curieux investigateurs de la matière, de rechercher dans l'organisme quelle partie correspond à tel acte de la *conscience* ou de l'*esprit*. Sans doute, il est intéressant de voir ainsi confirmer par l'observation cranioscopique, physiognomique, les données pures de la raison et de la conscience; mais le philosophe ne procède pas de la sorte. Comme le genre humain il procède d'intuition, d'*à priori*, de l'abondance du cœur et de la plénitude de l'idée.

*
* *

Possible que l'homme ne diffère de la femme que par un degré de *chaleur* de plus, qui produit l'animalcule.

*
* *

Avec la nature de l'homme et de la femme, le mariage s'ensuit : hors de là, pornocratie.

La raison de la monogamie, la voici :

1º Égalité de nombre des sexes : or, les mâles, égaux entre eux, ont droit à chacun une.

2º Raison de *non-voltige :* la dignité de l'homme et son INDIVIDUALITÉ. En définitive, la société est pour l'homme autant un moyen qu'une fin.

*
* *

Le mariage est une *constitution naturelle*, indiquée au physique et au moral, par les aptitudes diverses des deux sexes, saisie promptement par la conscience des peuples, à l'origine des nations; mais ensuite obscurcie par les préjugés et les passions, et aujourd'hui à peu près incomprise.

On en est venu à le regarder comme la cause première de toutes les difficultés sociales.

Grande affaire de lui rendre son *vrai sens*, et ensuite de le rétablir.

Hors de là, mort sociale.

Le mariage, organe naturel et formateur de la justice, est base de la société : il produit la liberté et la République.

La pornocratie, son antagoniste, est le dernier mot de toute usurpation et tyrannie.

L'homme avant vingt-six ans révolus, la femme avant vingt-un ans révolus, ne peuvent contracter mariage.

Il y a pour cela différents motifs :

Motifs de santé ;

Motifs moraux ;

Motifs de philogéniture ;

Motifs d'économie publique ;

Motifs d'économie domestique et d'éducation des enfants ;

Motifs de durée et d'inviolabilité de l'union conjugale.

L'erreur sur la personne, la famille, la qualité, la moralité, la fortune, la santé ; toute tromperie, en un mot, est cause de nullité.

Trois mois au moins de fiançailles.

Le refus de consommer le mariage est aussi une cause de nullité, de plus passible d'amende.

*
* *

Il faudrait pouvoir assouvir d'un coup la curiosité, qui demande sans cesse à voir des objets qui ne doivent pas être vus. Ainsi, les détails sur les mystères de la conception, de l'accouche-r nt, etc. Tout cela est fort laid, si ce n'est pour le *physiologiste philosophe*, qui y voit autre chose.

Pauvre garçon : tu n'as rien à voir là. — Ta raison n'a rien à y apprendre.

Lire dans la botanique de M. de Jussieu la description de la *reproduction;* cela suffit, rien de plus.

Voir une fois, dans un traité de l'accouchement, le détail des opérations ; — cela fait, on sait tout.

Quant au reste, affaire d'imagination, de volupté, de corruption secrète. C'est toujours le même roman qu'on relit, et auquel on demande des excitations défendues.

Eh bien ! cela même, il faut une bonne fois s'en défaire, en le ramenant au réel.

***

La jeunesse doit être renseignée pleinement sur l'amour, et cela vaut mieux que la fausse et trop précoce expérience qu'elle se donne.

Pas d'*illusion* sur les femmes.

Mais pas non plus d'adversion ni de mépris.

***

Leçons au jeune homme :

Même en amour, tu dois être maître.

Si tu prends une maîtresse, souffriras-tu d'en être le jouet, le complaisant ou l'esclave? — C'est impossible. Tout ce qui te dégraderait à tes propres yeux diminue ta volupté.

Si tu vas voir une courtisane, tu la traiteras avec indulgence et politesse : souffrirais-tu qu'elle te manquât? — qu'elle se fît ton égale?—Non, tu diminuerais ta dignité, et par le fait ta jouissance. Dans le mariage, la domination est d'un autre ordre : tu adores ta femme, et tu restes le maître.

**
* *

Tertullien, *Exhort. ad cast.*, cité par Vattel : *Videtur esse matrimonii et stupri differentia, sed utrobique est communicatio. — Ergo, in quis, et primas nuptias damnus? Nec immerito, quoniam et ipsæ constant ex eo quod est stuprum.*

Vattel, en bon protestant, s'indigne de cette assimilation. Mais le protestantisme, qui a rétabli le divorce, a prouvé que le mariage n'était aussi pour lui qu'un moyen de *soulager la nature*. Le roman de J.-J. Rousseau et ses *Confessions* expliquent comment le protestantisme entend le mariage; l'histoire de *Sophie* de même. On sait que MM. les ministres protestants, quoique mariés, — cultivent la galanterie tout autant que nos prêtres; et il n'y a rien en général de plus paillard que le mari protestant, en tant qu'il obéit au protestantisme. Luther a fait aussi à cet égard une profession de foi non équivoque; la consultation en faveur du landgrave le dé-montre.

Saint Jérôme prétend (Vattel, qui cite ce passage, ne dit pas où il l'a pris) : *Hanc tantum esse differentiam inter uxorem et scortum, quod tolerabilius sit uni esse prostitutam quam plurimis.*

C'est clair. Dans tout amour, il y a souillure et prostitution du corps, dit le vrai chrétien. C'est pour cela que la bénédiction nuptiale n'est qu'une absolution préalable.

***

Le christianisme, en reportant l'amour du chrétien, comme sa pensée, vers le ciel, a organisé, pour ainsi dire, la dissolution sociale. — Chose qui eût étonné le bon sens antique, dans cette même société où le concubinage et la fornication simple sont réputés délits contre les mœurs ; une loi contre le célibat paraîtrait arbitraire. Ce n'est pas la famille que la loi du chrétien protége, c'est une continence monacale, anti-sociale. Nous savons pourtant, par la même expérience qui l'avait appris aux anciens, que « les pères de famille sont meilleurs citoyens, plus attachés au bien public que les célibataires. »

*_**

Rien n'y fait : chacun, dans notre monde, travaille à l'envi à séparer ce que la nature a voulu joindre : l'Église multiplie tant qu'elle peut ses couvents ; l'État augmente ses armées et ne laisse au mariage que les estropiés et les poitrinaires ; la littérature et les sectes préconisent l'amour libre. Aussi, la société n'étant plus soutenue par la famille, le droit public par le droit domestique, force nous est de recourir à la force : après avoir institué le suffrage universel, nous nommons un empereur !.,.

*_**

Pourquoi n'y aurait-il pas un diplôme de mariage ? — Tout individu du sexe masculin, *omnis masculus adaperiens vulvam*, comme dit la Bible, qui ne justifierait pas d'une capacité industrielle suffisante, et d'une certaine force musculaire, ne devrait pas être regardé comme apte au mariage. — La puissance d'engendrer n'est qu'une condition : il y en a plusieurs.

*
* *

Tout communisme aboutit à la ruine de la famille.

Toute attaque à la famille aboutit à la tyrannie.

Tout amour libre entraîne l'affaiblissement de la conscience conjugale, et la dissolution de la société.

Si la nature a voulu établir la société humaine sur les principes de la justice, de l'égalité et de la liberté civique, de la responsabilité des fonctionnaires publics, du contrôle des pouvoirs, et de la libre manifestation de la pensée, elle a dû faire ce que je dis qu'elle a fait. — La femme participante du droit. Là est son égalité.

Si, au contraire elle a voulu établir les principes d'autorité, de communauté, promiscuité ou absolutisme : elle a dû faire les sexes semblables en tout, sauf l'organe de l'amour.

*
* *

Entre l'amour et la justice, en autres termes entre le mariage et la société ou l'État, il existe un rapport intime, un lien de solidarité, qui a été reconnu dans tous les temps, en vertu duquel toute atteinte à la justice et à la liberté publique est destructive de la famille, et par suite de l'amour même ; et réciproquement toute atteinte à l'amour et au mariage est destructive de la société et de l'État.

L'homme sain conserve jusqu'à la fin sa puissance génératrice et son génie, bien que la dignité de l'âge lui commande d'user de moins en moins de l'une, et de modérer le second.

La femme, à un certain moment, perd la puissance de concevoir, mais non pas toujours la fureur d'aimer ; avec cette faculté de conception, elle perd sa grâce juvénile ; elle devient une sorte de métis, ni homme ni femme, dont la psychologie est à étudier, et qui a plus besoin encore d'être contenue que la jeune femme,

Ici l'éducation est toute puissante.

Certaines femmes, comme Lucrèce, sont capables de mourir plutôt que de se rendre coupables ; ou de se tuer, si elles le devenaient. J'en ai connu. Elles sont rares. C'est une grande et précieuse vertu, assurément, indice de plusieurs autres. Mais toute médaille a son revers. Chez la femme, une grande chasteté, une vertu inflexible, est l'indice d'une grande personnalité. Et ces créatures-là ne sont pas à tous les hommes.

A une Lucrèce il faut un mari doux, patient, sage ; un caractère passionné ne lui conviendrait pas. Beaucoup, après réflexion, préféreront un peu moins d'héroïsme et plus de soumission. La femme facile est souvent bonne créature. Tout le monde aime Marie-Madeleine ; peu se soucient de sa terrible sœur Marthe.

*_**

Par sa nature et sa destination, la femme recherche l'élégance et le luxe ; il faut qu'il en soit ainsi.

Dans une société et un ménage bien ordonné, cette élégance, elle l'obtient avec les seules ressources de la maison, le produit du travail du mari ; ce luxe est l'effet de son administration et de son économie.

Mais que l'amour et l'idéalisme deviennent la loi suprême, le travail et la sobriété fatiguent bientôt, le ménage tombe dans le mépris, l'union devient un concubinat, et la femme, ministre de l'épargne et du comfort, devient agent de dissipation et de ruine.

Alors elle se pervertit, et elle subit la loi de toutes les choses luxueuses ; sa perversion est la pire de toutes. Concubine ou courtisane, elle devient la désolation de l'homme.

$$* * *$$

Fureur moderne du luxe dans toutes les capitales de l'Europe : Paris, Bruxelles, Berlin, Vienne, etc. La production des maris ne suffit plus ; faut y joindre les dettes, l'escroquerie, l'abus de confiance, la banqueroute, la prostitution.

Exploitation de plus en plus âpre de la plèbe ouvrière, qui se corrompt à son tour, se prostitue et renonce au travail.

Alors la production générale commence à baisser juste au moment où il faudrait qu'elle doublât, où le luxe devient diluvien,

**
_{* *}

Augmentation à vue d'œil du *prix des choses*.
Depuis la *liste civile* jusqu'au *prêt* du troupier;
depuis le taux de l'escompte, jusqu'au pain de
seigle.

**
_{* *}

Effémination sociale ou pornocratie, phénomène qui se remarque chez toutes les nations.

**
_{* *}

Tendance générale à faire fortune par des *com-
binaisons* tient à la lasciveté générale, au besoin
exagéré d'élégance et de bien vivre, sans lequel
pas d'amour : *Sine Baccho et Cerere friget
Venus.*

**
_{* *}

Plus d'horreur encore de la frugalité que du
travail : c'est tout simple, l'amollissement du
cerveau et du corps réclame une nourriture plus
copieuse.

***

En résumé, Michelet donne de petites recettes pour cultiver le mariage et la femme, imitées des auteurs comme Rousseau, Beaumarchais etc.

Il reste esclave de *l'amour* qui n'est dompté que par la CONSCIENCE; tout son livre le démontre d'un bout à l'autre.

Il reconnaît à chaque pas l'infériorité de la femme, et cependant il la proclame *égale* et SUPÉRIEURE à l'homme.

Il me prend beaucoup de choses qu'il s'efforce de raccommoder.

Comme Rousseau et autres, il peint le ménage très-aisé, sinon riche (10,000 francs de revenu au moins); il ne peut rien pour le ménage de l'ouvrier, à plus forte raison rien pour les ménages inférieurs.

La justice lui a fait peur : il n'en comprend pas la douceur, la bienfaisance, la fécondité, la puissante garantie, les immenses et sérieuses ressources.

Il oublie surtout que la femme, traitée par l'amour, devient de plus en plus molle, fragile, susceptible; tandis qu'élevée peu à peu à la

justice, d'abord par une éducation sévère, puis
par l'union conjugale, elle devient vaillante,
héroïne, et cela avec facilité, sans emphase, ni
effort, ni embarras.

***

La *conscience !* la *conscience* !

La *conscience*, où est-elle? Est-ce le cœur, le
cerveau, l'estomac, les reins, où autre partie du
corps? Rien de tout cela.

La conscience est *commune à tous les hommes :*
elle est indivisible.

Mais la nature, avant qu'il y eût société, a dû
y pourvoir par une création spéciale ; selon moi,
c'est la dualité androgyne dans laquelle la *réciprocité* est au plus haut degré le respect mutuel
supérieur, le sacrifice le plus complet.

**

La femme est faible mais belle; l'homme fort,
mais rude ; la femme est improductive, mais
soumise; l'homme travailleur, mais dominant.
On peut poursuivre ce parallèle.

Ceci est plus qu'une alliance, c'est une association, un engrenage des plus curieux, où l'orgueil et l'amour sont satisfaits.

*
* *

On objecte : Comment concevoir un organe à plusieurs personnes ? Par la théorie de l'être, unité collective. Le plus simple objet suffit.

Un FAGOT de sarments, par exemple. Il y a *fagots* et *fagots.*

Un **FAGOT** est une chose, et le sarment dont il se compose en est une autre ;

Déliez le fagot, séparez les sarments : vous avez détruit une réalité ; bien que vous n'ayez pas anéanti ses *éléments.*

De même pour le sarment : on peut le tailler, diviser, couper, moudre, etc. ; les particules subsistent.

On peut le brûler, recueillir cendres, huile, gaz, puis décomposer encore : on détruit toujours une réalité, une chose ; on n'anéantit rien.

Si vous reculez devant cette conséquence, plus de justice : la société est dissoute ; il faut, pour la refaire, revenir au *droit divin;* ce qui est recommencer.

*
* *

La femme mariée ne veut plus d'enfants.

La femme non mariée ne veut plus de mariage.

J'ai recueilli, dans mes promenades autour de Bruxelles, ce mot poignant d'une femme du peuple, restée veuve avec sept enfants. Son mari, simple journalier, gagnant 1 fr. 50 par jour, s'était tué par accident. Lui mort, les maisons de secours, les dames de charité, tout le monde s'était occupé d'elle : on avait placé la fille aînée, d'autres s'étaient chargés des deux suivants; on donnait des secours hebdomadaires à la mère, qui trouvait encore moyen de gagner quelque chose.

Elle se trouvait heureuse! plus heureuse que dans son ménage.

« Le pauvre homme, disait-elle, parlant du défunt, il fallait bien l'entretenir; tous les dimanches, laver sa chemise, sa blouse, lui donner cinq sous pour boire deux verres de faro; lui servir, avec son pain, un peu de pitance!... Que restait-il pour nous?... *C'est fini : un homme coûte plus qu'il ne vaut!* »

*
* *

Jeune h mme, si tu as envie de te marier, sache d'abord que la première condition, pour un homme, est de dominer sa femme et d'être maître.

Si après avoir arrêté tes regards sur une personne et l'avoir bien considérée, tu ne te sens pas, dans l'ensemble de tes facultés, *une fois plus fort* au moins que ta femme, ne te marie pas.

Si elle t'apporte de la fortune, et que tu n'en aies pas, il faut être *quatre fois* plus fort qu'elle.

Si c'est un bel esprit, une femme à talent, etc., il faut que tu sois *sept fois* plus fort qu'elle; sinon pas de mariage. Il n'y a pas de repos pour l'homme à se sentir critiqué ; pas de dignité à être contredit ; le danger arrive imminent de cocuage, ce qui est la dernière des hontes et des misères.

Plutôt la fréquentation des courtisanes qu'un mauvais mariage.

Il faut avoir raison le plus possible.

Et comme il est difficile que tu ne te trompes

quelquefois, ne jamais souffrir ni reproches, ni rappel à l'ordre.

Si ta femme te résiste en face, il faut l'abattre à tout prix.

*_**

Ne pas épouser une artiste, pour trois raisons :

1° Parce qu'elle est au public ;

2° Parce que si elle a du talent, elle s'attribuera la supériorité ;

3° Parce qu'elle gagnera la vie commune, et qu'elle ne devra rien à son mari.

Il faut laisser aux Talma épouser *Georges*, *Mars* ou *Duchesnois ;* lui aussi est *au public*, et il est plus fort.

*_**

Il faut redresser le jeune homme de toute sa hauteur ; lui apprendre que rarement, bien rarement, son *premier amour* peut être suivi de mariage, et qu'il est bon pour lui que cela ne soit pas ; qu'il ne doit pas se marier avant vingt-huit à trente-deux ans ; qu'il doit attendre qu'il soit *mûr*, au moral comme au physique ; que son idéalisme ait passé, qu'il puisse davantage se suffire, vivre en lui, et absorber la femme.

Il faut lui apprendre :

Que tout amour précoce engendre un nivellement fâcheux ;

Que la femme veut être domptée et s'en trouve bien ;

Qu'elle a tendance à la lasciveté, à la licence, à la gravelure, aux choses luxurieuses, et qu'un homme fort lui impose davantage ;

Qu'elle est aisée à maîtriser tant que jeune, amoureuse et qu'elle fait des enfants ; passé cela, qu'elle devient hommasse, et qu'il importe alors plus que jamais que l'homme conserve la prépondérance, ce qui ne se fait que par l'*habitude* prise, le pli formé ; chose qui n'empêche pas qu'il y ait de sourds murmures de révoltes ;

Que les enfants y aident encore : la mère se confondant volontiers alors avec eux, se rajeunissant avec ses filles ; ce qui entretient l'autorité paternelle, hors de laquelle ni paix, ni ordre, ni décence, ni honneur, ni salut ; au contraire, tout tourne au grabuge et au scandale ;

Que le chef de famille se doit tout entier aux siens ; que tout égoïsme doit être banni de son cœur, et qu'il en doit multiplier les prémices ;

mais, en même temps, qu'il en est le gardien, le pourvoyeur et l'instructeur responsable, et qu'à ce titre il ne doit jamais permettre la moindre infraction à son commandement ;

Que la femme a tendance constante à rabaisser l'homme ; elle le circonvient, l'enlace, veut en faire son *compagnon*, son *égal :* c'est dans sa nature ; elle le fait à son insu, conspirant ainsi naïvement contre la hiérarchie domestique et contre elle-même ;

Mais qu'il faut de temps en temps remonter l'horloge, faire acte de décision, de volonté, etc.; que c'est au mari à voir de quelle manière il doit s'y prendre, dans quelle occasion, sur quel ton, etc. ;

Tenir toujours la dragée très-haute, et se souvenir de cet aphorisme : Que les hommes les plus aimés de leurs femmes sont ceux qui savent le plus se faire respecter, et même un peu craindre ;

Ne pas oublier que la femme tend à faire sans cesse de son mari son amant ; mais que l'homme doit se garder de cette faiblesse comme d'une dégradation.

Il est bon pour l'homme qu'une femme trouve dans le mariage son premier amour; c'est dans cette vue qu'autant que possible il doit la prendre *vierge*. En supposant que son cœur ait déjà soupiré autre part, la plaie se fermera. La femme s'attache toujours à celui qui lui a donné la première façon.

Accorder beaucoup, non par forme de transaction, mais de *libéralité*. L'homme est maître, il doit être généreux, non un échangiste.

Confiance doit être *absolue* de la part de la femme envers le mari ; celui-ci doit l'exiger ; elle ne peut être que limitée envers la femme. Tout homme a des secrets qu'il peut confier à un ami, et qu'il ne dit pas à sa femme.

Beaucoup d'indulgence, parce que la femme est faible.

Jamais de pardon pour les fautes graves : elle mépriserait d'autant son mari.

Un mari trompé par sa femme peut la garder afin d'éviter le scandale ; mais il doit s'en séparer de corps et de cœur ; s'il agit autrement, il s'avilit et se perd.

C'est le triomphe de l'épouse de ramener à elle un époux adultère ;

C'est la dégradation du mari de reprendre une infidèle.

Il n'est point mal d'user de *vigueur* au be-

soin; vigueur de paroles, de volonté, d'action,
même de gestes..... L'homme a la FORCE, c'est
pour en user; sans la force, la femme le méprise,
et c'est encore une manière de lui plaire, de la
fasciner, de la séduire, que de lui faire sentir
qu'on est fort.

La femme disputeuse, chicanière, épiant les
occasions, heureuse de faire mentir la raison maritale. — Répondre peu ou point du tout, s'ar-
ranger de manière à avoir la raison pour soi, et
VOULOIR. — *Volonté*, c'est souveraineté, c'est
plus que raison.

Enfin, bien méditer que la femme a été donnée
à l'homme pour sa félicité et pour le développement de sa dignité et de sa justice, pour la joie
intime de son cœur; mais à la condition qu'il se
rendra maître absolu d'elle, la soumettra à sa
raison; qu'elle vivra de sa vie, se confondra avec
lui, tout en lui servant d'auxiliaire, de partenaire
et d'interlocutrice.

— Je ne dis rien de la galanterie et de ses
formes. — Là où elle est reçue, c'est une manière, comme de savoir danser, saluer, marcher, etc. Il est reçu, dans le monde le plus raffiné,
que la galanterie ne tire pas plus à conséquence
pour la domination de la femme que pour ses

faveurs. C'est une formule de politesse, rien de plus. Au total, les femmes d'élite préfèrent la franchise, l'honnêteté simple et bienveillante à toutes les grâces de la galanterie.

Dans les relations avec les femmes, un très-grand respect, une profonde déférence, mais exprimés de telle sorte que la femme s'aperçoive qu'une part, la plus grande, s'adresse à son mari.

Les hommes entre eux se doivent cela; les femmes s'y prêtent; la plus grande insulte envers une femme, c'est de lui laisser voir de la mésestime pour son mari.

En principe, se souvienne le jeune homme, que tous nous sommes appelés à l'amour et à l'union conjugale ;

Que l'abstention volontaire n'est pas impossible, et peut devenir éminemment louable, comme tout sacrifice, lorsqu'elle est commandée par un devoir, par le travail;

Que, hors de là, se laisser consumer de désirs est d'une haute indécence et qui pousse à l'indignité.

*
**

Sur les relations amoureuses :
Que les rapports avec la Vénus vulgaire, non

suivis de débauche, sont chose vénielle, mais peu digne, et qui ne se supporte pas chez un républicain, ami des masses. Signe de misère et d'exploitation.

La courtisane ou lorette, puits de débauche.

Le concubinage, ou relation libre, si la personne a du mérite, se transforme en un mariage ; par conséquent ne peut se tolérer, ou plutôt s'excuser que dans des cas exceptionnels.

Donc au mariage faut en venir.

Talents : danseuse, musicienne, femme de lettres. Si c'est métier, soit. Chose dangereuse, mais acceptée, comme modiste, couturière, etc.

Dans ce cas, l'homme qui, dans sa femme, a tout à la fois une épouse, plus un associé de commerce, est dans une position *complexe*.

***

Garde-toi des *vierges folles*, des *bonnes filles.* On dit volontiers, pour leur trouver quelque atténuation, qu'elles ont *bon cœur :* Oui, elles vous mangent, vous lèchent, vous délectent ; elles sont gentilles au lit ; obligeantes, compatissantes ; s'imposent, par enthousiasme, par sacrifices ; ont de la charité, mettront leur bijoux en gage, etc. Mais, dans tout cela, point de solidité, point de constance. Ces qualités, dont on les loue, et qui comptent à peine chez la femme sérieuse, attachée à ses devoirs, sont sujettes chez elles à de tristes défaillances.

Au ménage, ces femmes là sont bonnes à rien, s'y ennuient vite, ont du courage une fois par semaine ; leur propreté est équivoque, elles haïssent la cuisine, envoient leurs maris vivre au restaurant, se fatiguent promptement de la sévérité domestique. Elles ont besoin d'être remontées sans cesse par des récréations, visites, soirées, promenades, spectacles. Le concubinat est leur lot, à moins qu'elles ne compensent leur médiocrité comme ménagères par l'exercice lucratif d'un métier, auquel cas il leur faut, chose dangereuse, une remplaçante à la maison.

***

Cœur de vierge, cœur de marbre.

Rien de plus impertinent que la petite fille ; rien de plus suspect, de plus fragile, de plus faux que la fille adulte.

*_**

La jeune fille ne rêve, sous couleur de mariage, que de tomber dans les bras d'un homme.

Et le plus tôt possible. Point de fiançailles : temps *divin*, dit Grünn.

Une fois son homme repu, elle grosse et défaite, sa vie est finie, à moins qu'elle ne fasse un amant!...

Hégel dit que la dignité de la jeune fille est de se laisser donner par son père.

Fénelon, dans le Télémaque, de même.

Depuis Rousseau et son Héloïse, nous avons changé tout cela.

*_**

D'où vient la grandeur et la sublimité du mariage ?

C'est qu'il est tout sacrifice et dévouement.

On ne se marie pas pour faire l'*amour*.

L'amour pour l'amour, l'amour pour le plaisir. Toute femme qui l'entend ainsi est une catin.

**
* *

Jeune fille, je n'ai qu'un seul conseil à te donner.

D'abord, ne te marie pas de bonne heure; garde ta jeunesse et ta virginité pour toi, si tu le peux, jusqu'à vingt-quatre ans. Alors, si tu trouves un homme plus âgé que toi de dix ans, fort, intelligent, travailleur, courageux, volontaire, et qui se propose, prends-le vite, ne fût-il ni beau, ni disert, ni artiste. Tu seras avec lui honorée et aussi heureuse qu'une femme de bon sens le peut être. Souviens-toi que le plus galant et le plus passionné des amoureux est le pire des maris, un être ridicule, qui te dégoûtera vite et dont tu risques fort de faire un sot, alors même que tu n'en aurais pas envie.

**
* *

Toute femme fait son mari cocu, bien moins parce qu'elle a cessé de l'aimer, que parce qu'elle le trouve sot, ou faible, ou ridicule; parce qu'à force de jouer le jeu d'amour avec elle, il a perdu à ses yeux le respect.

L'homme qui ne plaisante pas et qui aura la force, ne sera jamais ridicule et rarement cocu.

*
* *

Chaque femme a dans sa vie quelques beaux moments; cela la fait rechercher, cela suffit pour griser quelque malheureux qui s'enchaîne à sa destinée et qui ne sait ce qu'il a fait.

Or, supprimez le *vœu* de mariage, réduisez-vous au concubinat, la femme est perdue.

*
* *

Quand on se *dévoue*, on s'offre à servir la personne ou le Dieu à qui l'on se dévoue, selon ses facultés et selon les besoins ou la loi de cette personne ou Dieu.

Une femme qui se dévoue à un homme promet de le suivre et de lui obéir en tout, et de le soigner, comme plus faible, comme suivante.

Un homme qui se dévoue à une femme, promet de la protéger, nourrir, défendre, etc., comme plus fort, et elle plus faible !

Le dévouement n'est pas chose arbitraire ; donc, il suppose des conditions naturelles données *à priori*. — Il exclut le caprice, ainsi que serait un prétendu mariage où l'homme admettrait la femme comme sa pareille, et ferait échange avec elle de fonctions, de droits et de devoirs.

Mais *quid* si la femme nie ce rapport, et prétend à la *parité* et à l'*égalité*?

Eh bien! garde-toi de l'épouser alors. Laisse cette bête féroce à elle-même, à l'imbécile qui en voudra : — que si le lien est consommé, si des enfants sont venus, si ton malheur est irrévocable : oh alors! n'hésite pas. Par raison ou par force, il faut qu'elle plie.

Ne dis pas : Je la quitterai. — C'est d'une âme faible. — Il faut qu'elle soit, dès le premier jour, convaincue d'une chose, que tu ne la quitteras pas, et qu'elle pliera.

Un homme intelligent et résolu possède en lui ce qu'il faut pour dompter cette révoltée. Il n'y a qu'un péril, c'est la conspiration de la société contre le droit marital.

Facilité des tribunaux à admettre la plainte des mauvaises femmes, à s'ingérer dans la famille, à intervenir dans le droit domestique : usurpation d'autorité et d'attributions.

Quelques-uns se sont fait de leurs fonctions un moyen de libertinage. — Ce sont des hommes à assommer comme des chiens.

Faut alors tourner la difficulté. — Regarder la justice établie comme l'ennemie du repos domestique, et le soutien de l'immoralité et de la révolte féminine.

***

Complicité sociale : des lâches, toujours prêts à recueillir les débauchées et les adultères. Le monde en est plein.

***

Il faut agir sur l'opinion, et par celle-ci sur la justice et la législation, afin que le père de famille soit rétabli dans sa juridiction domestique, dans ses honneurs et son autorité. Si les femmes ne se sentent pas contenues au for extérieur, comme dans le foyer domestique, il y a trahison dans les pouvoirs de l'État : ce serait le cas de dire, que l'insurrection des citoyens est un devoir,

***

L'homme dans la famille, magistrat; la femme, prêtresse et idole.

***

Contradiction apparente : *obéir* pour *régner*.

La femme qui commande humilie son mari, et tôt ou tard elle le coiffe. La femme qui, dans le mariage, cherche le plaisir, ne vaut pas mieux : C'est une petite catin, paresseuse, gourmande, bavarde, dépensière, à qui son mari ne suffit pas longtemps.

Donc, *courtisane ou ménagère;* j'ai eu raison de le dire, et n'en démords pas. Plutôt la réclusion que l'émancipation; — Lucrèce, Cornélie, Virginie diraient : Plutôt la mort !

***

Cas où le mari peut tuer sa femme, selon la rigueur de la justice paternelle : 1° adultère; 2° impudicité; 3° trahison; 4° ivrognerie et débauche; 5° dilapidation et vol; 6° insoumission obstinée, impérieuse, méprisante.

L'homme, époux, a droit de justice sur sa
femme; la femme n'a pas droit de justice sur le
mari. Cette réciprocité est incompatible avec la
subordination matrimoniale; elle implique contradiction. La femme maltraitée, outragée, a son
recours dans le conseil de famille, et par l'entremise de celui-ci, dans la justice publique.

Tout ménage composé d'un mari et de sa
femme, avec ou sans enfants, ou de l'un des conjoints veuf et des enfants, ou des enfants seulement, orphelins de père et de mère, se compose
naturellement des père et mère, oncles et
tantes, frères et beaux-frères, cousins et cou-
sines, beaux-pères et belles-mères, enfants et
petits-enfants majeurs, réunis au nombre de
quatre personnes au moins : à défaut de
parenté, des personnes légalement désignées : le
maire ou *adjoint*, le *juge de paix*, le *patron*,
chef d'atelier ou *chef de bureau*, l'*associé*, *collègue*
ou *confrère;* le *capitaine* de la compagnie, si le
maire fait partie de la garde nationale ou de
l'armée; le médecin de la famille, les amis et
connaissances.

Le conseil de famille existe de plein droit
pour tout le monde. Il est convoqué de plein
droit, à la requête de la partie plaignante, par

celui des membres qui en est président naturel, selon l'ordre de parenté, ou de dignité civique.

C'est une honte pour notre société, une marque de déchéance, que la femme puisse demander le divorce pour *incompatibilité d'humeur* ou *violences du mari.* Tant qu'il n'y a pas haine de celui-ci, immoralité, incapacité, de vices graves et sans motifs, la femme qui se plaint doit être présumée coupable et renvoyée à son ménage. Au conseil de famille seul appartient de formuler, pour elle, la demande de séparation.

Le mari a la faculté de répudiation *ab libitum.* — L'obligation, à celui qui a l'autorité, de vivre malgré lui avec une épouse, implique contradiction. Seulement, le conseil de famille, et les tribunaux après lui, s'il y a lieu, jugeront des *restitutions* et *indemnités.*

Si l'homme a reçu la supériorité d'intelligence et de caractère sur la femme, c'est pour en user. Intelligence et caractère obligent. S'il a reçu la supériorité de force, c'est aussi pour en exercer les droits. Force a droit, force oblige.

**

La génération actuelle n'est pas à la hau-

teur du mariage ; la société est menacée d'une
rechute en concubinat. Dans cette prévision, il
importe que l'homme, qui, au lieu de femme,
prendra maîtresse, sache se conduire.

Les relations libres n'ont d'autre objet que
l'amour : partons de ce principe, n'y mêlons
rien autre. Dès que vous y mettez de l'amitié,
des affaires d'intérêt, l'éducation de vos enfants,
amants, vous passez insensiblement au mariage.
Ne marchandez pas alors : mariez-vous.

Donc, pas de domicile commun entre amant
et amante, pas de ménage commun ; et le moins
de nuits communes que possible. — L'assiduité,
la cohabition, affadit l'amour ; la dignité conjugale comporte seule la vie commune. — Chacun
chez soi, à ses affaires : l'amour, la volupté y
gagneront, les mœurs également. Que si vous
êtes entraîné à vous réunir, ne marchandez pas,
mariez-vous ! Vous êtes époux, moins l'engage-
ment officiel : il est inutile de faire opposition à
la coutume, et d'offenser par une espèce de
gageure l'institution. Tous deux vous vous en
trouveriez mal ; le fait cessant d'être rare, le
paradoxe devenu général n'étant plus paradoxe,
votre concubinat ne serait qu'un mariage, privé
de ses garanties légales, ce qui est absurde.

Un amant ne doit jamais présenter sa maîtresse à ses amis, les conduire chez elle, la produire en société. — Les honneurs et prérogatives
de l'épouse ne sont point faits pour elle, et c'est
la nature des choses qui s'y oppose.

Il n'y a que deux espèces d'amours qui s'affi-
chent : l'amour conjugal et l'amour prostitué. Ce
sont les deux extrêmes, l'antithèse. — L'amour
concubinaire se voile, le secret est sa loi et sa
règle.

La concubine qui s'affiche, n'étant pas épouse,
est une prostituée. — L'honneur matrimonial ne
la couvrant pas, elle est effrontée, elle est courtisane, *impudique*.

On doit des égards à la maîtresse, à l'amant,
qui s'effacent et se dissimulent ; on ne doit que
du mépris, et, au besoin, des affronts à celle
qui se montre.

Un galant doit à sa maîtresse affection, protection, secours ; mais rien de plus. Comme
il n'assume pas la responsabilité de sa conduite,
il n'a pas autorité sur elle ; il n'a point à en
attendre soumission, sacrifice ; réciproquement
il ne lui doit aucun sacrifice ; il a tort s'il com-
promet en rien pour elle, ses projets, son avenir,
son ambition, sa fortune, son existence.

La servitude concubinaire est plus rude que la servitude conjugale, car les servitudes de la première proviennent de la chair, ce sont servitudes d'amour et de volupté; tandis que le mariage a pour but, en donnant l'amour, de l'affranchir de ses servitudes charnelles et voluptueuses, et de ne lui imposer que des servitudes de raison, d'honneur et de droit.

L'amour libre est un tyran; c'est ce tyran que tous les poètes ont chanté, souvenez-vous-en! Homme, tu ne donneras la liberté à la femme qu'aux dépens de la tienne; femme, tu n'accorderas de licence à ton amant qu'aux dépens de ton honneur et de ta félicité.

Ne confie point tes secrets ni tes affaires à ta maîtresse : elle abusera de ta confidence.

Ne lui demande pas de services; elle s'en prévaudra pour te tyranniner.

Ne donne jamais à une femme libre, ta maîtresse, aucune prise sur toi; pas d'engagements, pas de promesses, pas de gages. — Tiens-là à distance, garde le large; agis avec elle, en tout temps, comme si vous deviez être brouillés le lendemain.

Un homme qui se respecte peut poignarder son épouse infidèle. Je n'oserais décider qu'il lui soit permis de donner une chiquenaude à sa maîtresse infidèle. Elle est *libre;* tu l'as voulue libre; la liberté est le caractère du concubinat. Sous ce rapport, la maîtresse libre partage le sort de la courtisane, qui est la femme libre par excellence : elle n'a pas droit au coup de poignard.

La jalousie est la compagne de l'amour libre : elle est inconnue entre époux. Ici l'infidélité offense, attriste, endolorit, mais c'est tout. Là, elle crée la cuisson de jalousie, les colères de la rivalité; elle ronge, elle rend furieux, elle pousse à l'assassinat. Dans le concubinat, c'est l'amour-propre, la vanité, l'orgueil, qui sont atteints par l'infidélité. Dans le mariage, c'est le droit. C'est pourquoi l'infidélité de la maîtresse est presque une réserve sous-entendue par le contrat de libre amour, infidélité que l'amant n'a pas le droit de venger; — tandis que le meurtre de l'épouse infidèle est un acte de justice maritale.

L'amour conjugal est exclusif, unique, sacré; c'est pourquoi sa violation est un crime, punissable de mort. — L'amour libre n'est nullement incompatible avec la multiplicité, ainsi que l'a vu Fourier, et que l'ont compris les

Orientaux polygames : c'est pourquoi la promesse de fidélité entre amant et maîtresse est nulle de soi ; c'est le billet de La Châtre. Et c'est pour cela que la seule vengeance permise au concubinaire trompé est la séparation et le dédain.

*
* *

Le dévouement est supérieur à l'amour ; la loi conjugale est plutôt juridique qu'érotique.

*
* *

De même que la civilisation doit nous guérir de l'esclavage, du prolétariat, de la polygamie, de la prostitution, elle doit nous guérir encore de la confusion des sexes, en donnant à l'homme une éducation de plus en plus mâle, et à la femme une éducation plus féminine.

*
* *

Le concubinat ne saurait être reconnu, en démocratie, comme une forme légale d'union entre l'homme et la femme. Il appartient essentiellement aux mœurs aristocratiques.

Toutefois, les relations intimes, non accompagnées de tromperie, continuées de bonne foi, créent en faveur de la femme et de ses enfants certains droits, et donnent lieu à une action contre le mâle. Secours, reconnaissance, etc.

*
**

AMOUR : il est éteint; plus de chaleur : des sens, du sang.

*
**

De l'amour en mariage. — Tout le monde le souhaite, dit que c'est chose désirable, et pas un moraliste, pas un poète n'a encore avisé que l'amour est chose ASSURÉE, mais seulement entre gens honnêtes et raisonnables.

On en fait juge les petites filles et les garçons de vingt ans!

Comme à la comédie. Là, c'est le *caprice* (le mot se dit : Cet homme fait mon caprice), c'est l'instinct, la folie qui règnent!

Or, les principes des unions heureuses sont les suivants :

1° Qu'une bonne éducation et une raison suffisantes font disparaître dans les sujets les mauvaises habitudes, les tics désagréables, les exorbitances du tempérament, les écarts des passions, etc., et créent un état moyen qui, nécessairement, est susceptible de s'accomoder à tout. — Ainsi l'on diminue les incompatibilités d'humeur, les antipathies de caractères, etc., qui tous dénotent chez les sujets des natures mal dégauchies.

2° Que l'homme raisonnable et libre, averti par l'expérience universelle, doit vaincre en lui la lasciveté et l'incontinence, surveiller son cœur, se méfier de son imagination, se tenir en garde contre les inclinations institutives, dont on fait des révélations du ciel, des pressentiments mystérieux, et qui ne sont le plus souvent que bestialité ; — tenir pour certain qu'entre honnête homme et honnête femme l'amour est assuré et du meilleur aloi. — Les époux se choisiront sans se regarder, pour ainsi dire, que des yeux de l'esprit, l'homme se disant que sa femme sera digne de lui, et précieuse si elle réunit les qualités suivantes :

Saine, raisonnable, laborieuse, chaste, propre, intelligente dans les travaux du ménage, aimant la retraite et le silence.

La femme se disant, de son côté, qu'un homme sera digne de tout son amour, s'il est :

Sain et vigoureux, raisonnable, travailleur, rangé, exempt de vices excessifs, tels que luxure, ivrognerie, colère, — studieux, sévère, maître de ses opinions et de ses habitudes ; — point flâneur....

De tels époux s'aimeront fort sans s'être jamais vus, ils seront dévoués l'un à l'autre, et leur amour paraîtra calme et frais comme une soirée de juin.

*_**

La femme propre et ménagère n'est pas celle qui touche l'ordure du bout des doigts ; qui, pour faire son ménage, a un petit costume coquet, ou qui, traînant ses sandales sous prétexte de nettoyage, reste couverte de loques et de haillons immondes. C'est celle qui, serrée dans ses vêtements, court-vêtue, *succincta*, habillée de robe simple, grossière même, mais propre, chaussée solidement, le tablier devant elle, la tête couverte d'un bonnet serré, ne craint pas de plonger ses mains et ses bras dans les ordures, remue le fumier, se sert du balai et fait sa cuisine hardiment.

*
* *

Il faut absolument qu'un mari impose le respect à sa femme, et pour cela tous les moyens lui sont donnés : il a la force, la prévoyance, le travail, l'industrie. En aucune de ces choses, la femme ne saurait l'égaler. Il faut, de plus, qu'il ait et qu'il fasse preuve de courage, de volonté, de justice, de charité ; qu'il soit bon, dévoué à ses amis et à la chose publique. Sur ces deux derniers points, la femme est si loin, par nature, d'égaler l'homme, qu'elle fera plutôt un crime à son mari de sa vertu qu'elle ne l'en louera. La vertu de la femme a pour mesure son intérieur, elle n'a pas d'expansion au dehors. Ce qu'un homme fera pour ses amis et pour la république elle le réclamera *pour elle-même* et pour *ses enfants;* beau prétexte d'égoïsme, auquel un homme ne doit jamais prendre la peine de répondre. On lui dirait fort bien qu'il n'a pas le droit de sacrifier aux autres, à des étrangers, ni ses enfants, ni sa femme, ni son bien-être, ni lui-même. C'est ici qu'il faut bien comprendre ce que dit Jésus-Christ : Que la main gauche ne doit pas savoir le bien que fait la main droite. La main gauche, c'est la femme! Un véritable homme ne lui demandera pas permission de faire le bien qu'il se propose; mais il ne lui en fera pas non plus confidence. La langue de la femme est calomniatrice de la vertu virile, dès que celle-ci franchit la porte de la maison.

**

Mieux vaut une femme estropiée à la maison qu'une coquette ingambe à la promenade.

**

Je n'estime de volupté que celle qui se raisonne et me laisse libre; qui, pour être sentie, exige simplement du cœur, de la franchise, de la conscience et de l'éducation du goût.

Hors de là, il y a excès, corruption, débauche.

Intelligence, goût, probité, liberté; telles sont les quatre conditions essentielles du bonheur,

telle est la possession d'une femme honnête, modeste et laborieuse.

Pour être heureux avec une femme, il faut :
1° la respecter ; 2° l'aimer, non de passion, mais
de tendresse ; 3° lui être supérieur, autant que
possible, par la fortune, le génie, l'industrie, le
courage, la force, le dévouemen ; en un mot, il
faut qu'elle reconnaisse que vous pouvez plus
qu'elle, et qu'à tous les points de vue elle est
votre redevable.

La passion amoureuse n'est ici de rien.

Douceur et sacrifice sont tout.

*
* *

Un romancier, je ne sais lequel, a publié un
roman intitulé : *la Femme de Trente ans ;* un
autre : *la Femme de Quarante ans.* Il eût pu
faire une œuvre utile s'il n'avait pris justement
au sérieux les passions et travers d'esprit qui
saisissent la femme, lorsqu'elle approche de la
quarantaine.

Dans les mariages ordinaires, moyens, les
choses vont également bien pendant les dix ou
douze premières années, quelquefois quinze ou
vingt.

Puis, tout à coup, quand les enfants sont venus, qu'ils grandissent, la femme est prise d'une mélancolie particulière à son sexe et qui est la plus grande crise de son existence morale. Elle réfléchit sur sa vie, sur la condition faite à la femme dans la famille et dans la société, et elle se dit qu'elle est une créature sacrifiée, dont la destinée est subalterne, et qui n'a ni valeur ni existence par elle-même, ni pour elle-même. Son orgueil se révolte, elle tourne à l'aigre et tombe dans la misanthropie, l'hypocondrie ; elle a des délaissements, des ennuis de cœur sans motifs, des larmes sans peine. Elle affecte l'égalité, elle plaisante sur son *maître*. Si son mari sort, elle prend la même licence, etc. ; il faut réprimer cela ; ne souffrir aucune insurgence.

Quelle est sa signification sur la terre ? Je suppose que son sort ait été le plus heureux, à faire envie à toutes ; que la nature et l'éducation l'aient douée et comblée ; que, née sans fortune, elle ait été distinguée, aimée par un homme de bien, loyal, généreux, selon son cœur à elle, et qui l'aura épousée. Je suppose qu'elle ait joui de toutes les fêtes de l'amour, de toutes les voluptés de la fortune, de toutes les distinctions sociales, de tous les respects domestiques, de toutes les

joies de la maternité : l'heure venue, elle va se
trouver malheureuse. En définitive, se dit-elle,
ce n'est pas pour moi que je suis née, c'est pour
un autre ; je ne suis pas un centre, mais un
rayon ; ma vie n'est pas une vie, c'est un appen-
dice. J'ai été aimée, je me suis crue heureuse ;
illusion! c'est pour LUI qu'il m'a prise, non
pour moi! Je suis un bijou, un meuble, j'ai été
admirée, entourée, distinguée, louée ; j'ai eu des
succès : mais tout lui revenait, comme à un
propriétaire. Ne porté-je pas son nom? Une
femme n'a point de nom, si ce n'est son nom de
petite fille. Elle n'est pas un être que l'on
nomme : elle est la femme à Pierre, ou à Paul,
rien de plus. Moi, innocente, aveugle, je me suis
donnée à lui, il m'a voulue, il m'a prise. A quoi
a servi le plus beau, le plus clair de mes années?
A le rendre heureux, à le faire envier partout, à
lui faire des enfants. La femme est une machine
de reproduction. Il commande, et j'obéis ; il
marche, et il faut que je suive. Et maintenant
tout est fini ; mes beaux jours sont passés : que
suis-je? enchaînée, usée, éclipsée, solitaire, tout
à l'heure grand-mère, objet d'ironie et de pitié.
Tandis que lui! ne semble-t-il pas croître en
autorité, en puissance, en considération ; n'est-il

pas plus superbe, plus fort, plus estimé, plus
maître de lui-même, et des siens, et des autres,
à mesure que son visage se ride, que sa jambe
fléchit, que son corps se courbe, et que sa tête
se couronne? La gloire de l'homme grandit jusqu'à la mort; celle de la femme décline depuis le
jour du mariage. Je suis pourtant, à n'en pouvoir douter, du nombre des heureuses! qu'est-ce
des autres? Dérision!... Ah! je donnerais toute
ma vie pour un jour de liberté, d'indépendance,
de vie personnelle; car enfin, nous ne sommes
pas des personnes. La personnalité de la
femme ne se reproduit pas hors de la famille, elle
reste dans l'indivision.

Cette maladie mentale affecte surtout les femmes des classes aisées; celles qui ont du loisir, de
l'éducation : les heureuses, les enviées de la
terre. Elle est beaucoup plus rare, à peine on
en trouve çà et là quelques traces chez les gens
du peuple, chez la paysanne et la femme de
l'ouvrier, là où l'activité de la vie, la nécessité
poignante ne laissent pas de place aux méditations.
La vie de l'homme est un combat, surtout pour
l'homme du peuple; la femme est son *hétaïre*,
la compagnonne, la cantinière. Il s'agit bien,
entre eux, de disputer de la prépondérance et de

l'autorité! Il faut combattre; les rôles se distri-
buent suivant les aptitudes des sujets; nul n'a le
temps de se demander s'il est sa fin à lui-même
on s'il la trouve en autrui; s'il est axe ou rayon,
soleil ou planète.

Les ravages de cette affection sont quelquefois
désolants : les unes deviennent de vraies insur-
gées; d'autres, ne sachant que faire de leur
liberté, se jettent dans l'adultère, quelques-unes,
en haine du sexe, se lancent dans d'hétérogènes
amours. Bien des ménages, parfaitement unis
pendant douze ou quinze ans, sont devenus un
enfer, sans qu'il y ait eu de cause valable.

La femme qui approche la quarantaine, et qui
est assaillie de cet Asmodée, regrette son mariage;
oublie mari, enfants, alliance, ménage; tout la
dégoûte, lui devient indifférent, insupportable :
c'est elle-même qu'elle veut; elle se cherche et
ne se trouve pas.

Il s'agit de traverser cet instant de crise; il
dépend de toi, homme, de sortir sain et sauf
de ce défilé, et de guérir ta malade. Dès
qu'à certains signes d'impatience, à certaines
petits actes d'indépendance, à l'amertume de
quelques réflexions, tu auras reconnu le principe
du mal, il faut adopter une conduite froidement

calculée, et sévère. Point d'exhortations, d'admonitions, pas un mot de représentation ; cette maladie ne doit point se prendre par la raison, par la logique ; tout ce que tu dirais ne servirait qu'à empirer le mal. Il est clair que tu ne peux ni ne dois nier rien de ce qui irrite ta moitié : cela est ainsi, et cela est bien. Au lieu de chercher à adoucir pour elle la situation, il faut la rendre au contraire, non plus rude, mais plus invincible, plus inexorable. Tu dois être alors comme le représentant de la fatalité. Bien moins encore dois-tu la consoler de ses peines, lui offrir des dédommagements, dissimuler tes prérogatives ; elle te regarderait, et avec raison, comme un hypocrite, ou comme un esprit faible ; tu la dégoûterais. Laisse-lui cuver son chagrin, sans un mot, sans une réflexion : surtout alors, pas une marque de tendresse. En ce moment, elle n'est plus femme ; ton amour serait contre nature ; que la continence la plus absolue devienne ta règle. Tu te perdrais, et elle avec toi. C'est par d'autres moyens que tu dois agir sur ce cœur affadi, et lui rendre l'énergie et la moralité.

D'abord, veiller sur toi-même, et tout en t'abstenant scrupuleusement du lit conjugal, observer la plus exacte fidélité. Pas un mot, pas un geste

de galanterie, ni à droite, ni à gauche. Ta femme
malade, tu dois vivre, comme si elle était en
couches, en anachorète. Ta valeur, ton autorité
augmenteront d'autant : elle ne manquera pas
de s'en apercevoir.

Séquestré de tout amour et de toute tendresse,
tu dois redoubler d'activité au travail, d'abord
dans toutes les choses qui te regardent; ensuite,
et plus que tu ne l'avais fait auparavant, dans
celles du ménage. Ta femme souffre; sa raison
est affectée, son cœur ramolli : sans laisser
échapper le moindre reproche, fais comme quand
elle est malade ; qu'elle te voie mettre la main
aux détails domestiques, et prouver qu'en son
absence, tu saurais te tirer d'embarras.

Que vos entretiens ne roulent que sur l'avenir :
sur l'éducation des enfants, la dot des filles, les
dépenses que toutes ces choses nécessitent; les
efforts que tu as à faire, les mesures à prendre,
les luttes à soutenir. Insensiblement ta femme
reconnaîtra que tu vaux plus et mieux qu'elle ;
elle réfléchira que toi aussi tu es asservi ; que
ton existence est subordonnée ; mais que, tandis
que son cœur gonfle et se ballonne de vapeurs,
tu marches résolûment, sans plainte, sans récompense, dans la voie du sacrifice, du devoir. Tôt

ou tard elle se dira cela, et elle concevra des remords. Puis le naturel féminin reprendra le dessus : après avoir gémi, soupiré, elle s'apercevra qu'il lui reste encore des amies de jeunesse ; elle voudra cueillir ce regrain d'amour, redevenir jeune, plaire encore; alors elle est sauvée, et tu seras plus maître encore qu'auparavant.

*
* *

Je raisonne des rapports entre l'homme et la femme, comme du droit de propriété.

C'est par la justice personnelle que l'homme peut motiver et légitimer son domaine terrier, lequel n'est au fond qu'une usurpation. Et, comme en dehors de la propriété, la société humaine est imparfaite et la liberté incomplète, j'ai tiré cette conséquence que la justice est nécessaire.

De même je dis que, hors du mariage et de la subordination du sexe féminin au sexe masculin, l'union de l'homme et de la femme est impossible ; et comme la prépondérance du premier ne se peut légitimer que par la justice, il faut que l'homme soit juste. Cette justice envers la femme lui sera facile par l'amour.

Soyez justes, hommes, et possédez en pleine supériorité et souveraineté la terre ; la justice vous fait tous souverains ; la nature entière est votre domaine.

Soyez justes, hommes, et possédez en pleine supériorité vos femmes ; la justice, qui est vôtre, est supérieure à l'amour, qui est leur ; et sans justice vous ne sauriez dignement aimer ni être aimés.

Toute *doctrine* contraire est prostitution, et négative du droit ; elle doit être poursuivie et punie. Mais ne vous effrayez pas des réclamations incessantes de vos femmes : leur nature est de tendre sans cesse à la domination, et je dirai même que leur droit est d'éprouver sans cesse notre autorité et notre justice, afin de constater si nous sommes dignes de leur amour.

Car ne vous y trompez pas : malgré leur frivolité, ce que les femmes aiment en nous, c'est la justice, la force et le travail. Quant à l'esprit, elles auront toujours la prétention d'en avoir autant que nous.

*_**

Je ne sais quelle femme se scandalisait de voir

que, nous autres hommes, nous trouvons qu'une femme en sait assez, quand elle raccomode nos chemises et nous fait des beefsteaks. Je suis de ces hommes-là.

*
* *

Je nie radicalement les génies femmes.

Je nie que le genre humain ait eu depuis six mille ans obligation envers le sexe d'une seule idée ; j'en excepte Cérès, Pallas, Proserpine, Isis, les déesses et les fées ; mais...

J'ai remarqué que sur douze femmes de lettres, artistes lyriques, dramatiques, ou chanteuses, savantes ou philosophes, instruites, il y a au moins dix femmes légères. Qu'est-ce que Mmes R*** et d'H*** ont à dire là-dessus?

J'ai connu, en revanche, bon nombre de femmes d'un grand cœur, d'une grande âme, d'un grand esprit, qui, pendant cinquante ans, sans se lasser, ni se plaindre, ont fait le lit de leur mari, lavé les chausettes de leur mari, préparé ses tisanes, etc. Toutes étaient honnêtes, prudentes, valeureuses, propres, etc. Je demande ce que nous avons à gagner au change.

Sans doute, elles diront que les femmes ont autant le droit de s'*amuser* que les hommes.

Question sur laquelle je ne suis pas d'accord.

Mais quand cela serait, il y a une chose certaine, c'est que, nous autres hommes, nous ne voulons à aucun prix de femmes qui s'*amusent*; et comme nous ne sommes pas obligés de les prendre, si ces dames, après s'être amusées jusqu'à quarante ans, crèvent de misère et d'abandon à cinquante ans, je demande à qui la faute?

Ne sommes-nous donc pas nos maîtres?

C'est à prendre ou à laisser.

La Pornocratie moderne. — On a parlé de la féodalité nouvelle, ou féodalité industrielle. Elle a un triste pendant : c'est la pornocratie.

Abstraction faite du gouvernement, qui n'est guère autre chose, en toute société, que l'instrument des partis, des passions, des vices ou des intérêts, quelquefois des libertés, des vertus sociales; quelquefois tout ensemble; on peut considérer la pornocratie comme la deuxième puissance de nos jours, après celle de l'argent.

Puissance occulte, depuis longtemps dénon-
cée ; *tout se fait par les femmes*. Depuis trente
ans, cela s'accuse peu à peu par des théories,
des livres, et un parti, qui n'est autre que la
bohème.

Pornocratie et malthusianisme devaient aller
ensemble. Cela s'appelle, s'accouple, s'unit,
se marie ensemble, comme la cause et l'effet.

L'un demande qu'on ne fasse plus d'enfants,
et l'autre enseigne à n'en plus avoir :

La polyandrie pour les femmes ;

La polygamie pour les hommes ;

La prosmiscuité pour tous.

Voilà le secret demandé par Malthus.

La vie est un banquet, dit Malthus ; *bravo!* dit
le pornocrate ; nous voulons le plaisir, la jouissance, le bonheur !

Travailler peu, consommer beaucoup, et faire
l'amour.

Point de salut qu'avec la liberté et le droit.

Avec la liberté et le droit, plus d'*effémination*.

Le producteur entouré de toutes les garanties
qu'il demande en vain à la centralisation, obligé
de compter sur lui seul. Fin de l'influence
féminine. — La nation française garde ses

qualités propres, et y joint celle des autres
peuples.

Toute prostitution a son principe dans le *sen-*
sualisme et l'*idéalisme :* elle peut se définir, la
subhaternisation de la volonté par les sens ou
l'idéal, ce qui veut dire la prostitution de l'esprit,
de la conscience et de la liberté, à un but infé-
rieur, la jouissance ou délectation voluptueuse.

Toute doctrine qui, au lieu d'assouvir l'imagination et les sens, de soumettre la passion à la
justice, tend au contraire à les flatter et les
satisfaire, incline à la fornication, à la pornocratie.

La philosophie amoureuse de J.-J. Rousseau
est de ce nombre.

Le naturalisme de Bernardin de Saint-Pierre,
également. Ces deux écrivains sont d'excellents
moralistes dans la meilleure partie de leurs ou-
vrages ; leur intention n'est non plus jamais
accusable ; mais, par les concessions qu'ils font
l'un et l'autre *à l'amour* et à la volupté, il y a en
eux une tendance équivoque, qui, du reste, se
retrouve dans leur vie...

Il faut ranger dans la même catégorie tous les
idolâtres anciens et modernes, religieux ou simplement artistes et *dilettanti*. La suprématie

accordée au principe esthétique sur le principe juridique et moral est le vrai ferment pornocratique. C'est par là que tant de gens arrivent à la prostitution de la conscience, et à l'abandon du droit, à la philosophie d'Épicure ; la délectation artistique les saisit d'abord, l'adoration du beau ; et bientôt l'épicurisme et le sensualisme.

La gent lettrée et artistique, à part d'honorables exceptions, est peu vertueuse, peu amie du droit, peu exemplaire dans ses mœurs. De là, la *Vie de Bohème* et tant d'autres.

Ce n'est pas ainsi qu'en usaient Albert Dürer, Rembrandt, etc.

Le mal est à imputer aux réformateurs passionnalistes, sensualistes, etc., Helvétius, Saint-Lambert, et, de nos jours, aux saint-simoniens, enfantiniens phalanstériens et communistes.

Enfantin entreprend de réhabiliter la chair : il ne comprend pas autrement l'abolition du christianisme, et l'esprit de la Révolution qui l'abroge. Il déifie la richesse, le luxe, l'amour, la volupté.

Fourier établit son système sur l'essor des passions, sur leur liberté et l'équilibre qu'elles se doivent faire, selon lui, naturellement. Il n'y a pas de *sacrifice ;* le *dévouement* est superflu.

Mais tous deux sont renversés par ce fait que la faculté de consommer et de jouir va bien plus vite que celle de produire ; que le travail humain, avec tous les efforts imaginables, ne peut arriver à donner à chacun qu'un modeste bien-être ; que l'attrait de la volupté est bien autrement puissant que celui du travail, et que si se dernier n'est soutenu par une force supérieure, sévère, impérative, qui est la conscience, il y a bientôt désordre et anarchie, et que tout est perdu.

**
* *

Le *saint* et l'*idéal*, même catégorie.

La religion propose aux hommes pour principe, modèle et loi, l'Être souverainement parfait le Dieu éternel, absolu, infini, etc.

Vice de cette méthode :

Montrer de l'or, des vases précieux, des bijoux, est-ce *apprendre à devenir riche ?*

Étaler des soldats, passer des revues, menacer sans cesse l'Europe de 600,000 baïonnettes, est-ce du gouvernement, de l'influence, de la force ?

Ruser, tromper, mentir, se parjurer, trahir, est-ce de la politique ?

Faire respirer l'odeur des mets, est-ce apprendre la cuisine ?

Être malade ou bien portant, est-ce savoir la médecine ?

Faire voir des nudités, est-ce l'amour ? est-ce le mariage ?

Similiter, adorer un Dieu parfait, un Christ héroïque, doux, tendre, compatissant, ce n'est pas de la morale ;

Faire des processions, bâtir des églises, fondre des cloches, des statues, des calices, ce n'est pas avoir de la religion ;

Une constitution, des codes, une procédure, etc., ce n'est pas de la justice ;

L'idéalisme chrétien est impuissant ;

Des mystères, des allégories, des mythes, ce n'est pas de la raison. Rien de plus beau qu'Homère et Phidias, etc.; cela n'a pas sauvé la Grèce ; le Romain, avec son *jus*, était plus fort que le Grec.

**

Oui, cent mille fois oui, devant le Droit rien ne tient ; tout est immoral, reprochable :

La propriété, c'est le vol ;

La communauté, dissolution;

La concurrence, brigandage;

Le commerce, agiotage;

L'autorité, oppression;

Le suffrage universel, anarchie;

La religion, déchéance;

Dieu, Satan;

Amour, paillardise;

L'idéal, péché;

L'absolu, néant;

Le travail, servitude.

Cela empêche-t-il que ces divers éléments ne fassent parties nécessaires de la constitution sociale ?

Il n'y en a pas d'autres.

Ce sont les *forces* du monde de l'esprit, de l'ordre économique.

Qu'est-ce donc qui sanctifie et consacre ces forces ? La justice, qui opère leur balancement, etc.

***

Amour-propre, principe de justice :

Plus je me sens beau, plus je me respecte ?

Plus j'aime, plus je crains de déplaire, et plus

encore je me respecte; mais plus je me respecte, plus je suis juste.

**

On se croit fort pour ressasir un lieu commun, vieux comme le monde, que l'amour est le maître des hommes et des dieux; qu'il triomphe du héros comme de l'esclave, du sage comme de l'ignorant, que sa puissance est irrésistible, fatale.

Eh! imbécile, il y a bien d'autres fatalités que celle-là : Qu'est-ce que cela prouve?

Il est fatal que vous mangiez et buviez : est-ce une raison pour prendre votre dîner sur l'arbre du voisin, dans sa marmite, ou son cellier? Il faut travailler, gagner votre dîner, et le gagner avec probité, et cela tous les jours!...

Oui, l'amour s'impose : mais ne volez pas le bien d'autrui; soumettez-vous aux conditions de l'amour normal, qui sont le mariage et ses obligations.

Dans l'ordre de nature, le concubinat est faiblesse, faute vénielle.

Mais il appartient au législateur de le proscrire; comme il lui appartient d'approprier la terre...

14

Et il est certain que la tendance de la civilisation
est dans ce sens.

**
* *

Par la confusion des idées et l'anarchie de
l'entendement on arrive, au moral, à la dissolution et à la prostitution.

Semblablement, par la prostitution et la dissolution des mœurs on arrive au chaotisme
intellectuel : tout cela se tient; tout cela est
réciproquement cause et effet.

L'homme de mœurs dissolues n'a pas de principes ni moraux, ni religieux, ni philosophiques;
il se fait une raison à l'instar de sa conscience.
La lucidité de l'esprit avec les ténèbres de la
conscience sont choses incompatibles.

Le désordre amène le désordre ; l'ordre, au
contraire, appelle l'ordre.

Et tous deux se font impitoyablement la
guerre : Ταξις αταξια διωχει.

Faites de la lumière dans les intelligences,
elles reviendront aux bonnes mœurs; faites de la
lumière dans les consciences, obligez les cœurs
à croire à la justice, ils se referont bientôt des

théories, une doctrine, une philosophie, une science universelle.

C'est pourquoi la femme, dont les allures, les habitudes, l'esprit ou les mœurs, sont en sens contraire des aptitudes de son sexe, ne tarde pas à perdre, avec toutes les vertus de ce sexe, le sens moral et le sens commun. Elle redevient *une bête.*

* * *

Le peuple français est un peuple femme.

Il a des qualités excellentes, supérieures ; il est aimable en société, de conception vive, d'intuition facile, sympathique à tous, facile, sociable, point avare, sensible au beau, prompt à l'héroïsme.

Il produit des génies supérieurs, des écrivains, des penseurs, des artistes, des inventeurs, des savants, autant que peuple du monde.

Il marchera toujours, dès qu'il verra le monde marcher, et ne voudra jamais rester en retard. Il a l'ambition de faire en tout mieux que les autres, et malheur au gouvernement qu'ils soupçonne de l'empêcher de faire bien et de se distinguer.

Avec tout cela, il est positif que le Français, toujours prompt à créer et s'émouvoir, s'ameuter et s'émanciper, comme les femmes, n'a pas le sentiment élevé de la liberté, de la liberté civile et politique. Il ne la comprend point et s'en soucie peu, comme les femmes.

Il est facilement la dupe de qui le flatte, comme la femme.

Une fois entraîné, il se livre aisément, se vautre dans sa prostitution, comme la femme.

Il a besoin d'être contenu par un mélange de caresses et d'autorité, comme les enfants et les femmes; la dignité de l'homme libre et le sens moral ne lui suffisent point : ces dons supérieurs sont faibles chez lui, comme chez les femmes.

Il est vaniteux, comme la femme; crédule aux charlatans, comme les femmes. Comme c'est une loi que le gouvernement soit l'expression de la société, il arrive que le gouvernement, en France, appartient aux médiocrités, à des génies qui n'ont rien de viril, qui portent de fausses barbes.

La révolution de 89 a produit quelques vrais mâles : la démocratie n'en a pas voulu, elle les a souillés, elle les renie, les flétrit : — Mirabeau, Danton.

Mais elle a adoré Robespierre...

La France n'a jamais goûté franchement Richelieu, Colbert, ni Turgot; elle leur a préféré de tout temps les Fouquet, les Louvois, les Necker.

Cela se voit surtout dans les clubs, dans les profondeurs du parti.

Le journal qui aura le plus d'abonnés sera toujours celui qui sera au-dessous du médiocre.

La Révolution française n'est pas le fait de la nation.

La nation a résisté à Turgot; elle a méconnu Mirabeau; elle n'a jamais rien compris à Montesquieu; elle ne sait ce que c'est que le système constitutionnel; elle se méfie des hommes à principes; mais elle a toujours des tendresses pour les hommes à sentiments.

La nation, c'est prouvé aujourd'hui, a été au-dessous de sa révolution.

Bonaparte, en faisant la Constitution de l'an VIII, a pu dire que le peuple français n'était pas mûr pour la liberté; il n'était pas plus mûr en 1814, ni en 1830, ni en 1848; il ne le paraît pas davantage en 1860 : il ne mûrira jamais.

Ce n'est point par la considération ou par l'effet de la maturité que la France deviendra libre; ce sera parce que, l'Europe entière l'étant devenue, et les réformes économiques ayant suivi, il ne sera pas possible que la France soit autrement que libre. Et elle restera libre, parce qu'il n'y aura plus rien qui puisse l'empêcher de l'être ; par elle-même, par la force de jugement, par l'énergie de caractère, par fierté d'âme, sentiment du droit, religion de la légalité, la France ne deviendrait jamais libre. Elle en est incapable, sa démocratie le lui défend.

**
* *

Le culte de l'amour et de la volupté est le cancer de la nation française...

**
* *

Le parti républicain a flatté cette inclination détestable.

Journaux à cinq centimes, du dimanche. Le peuple repu de romans : assouvissement de la luxure pour toute instruction !...

Nation finie ; qui n'a plus de mission, plus de rôle, qui inaugure la nouvellle Babylone avec la musique de ses 130 régiments ; qui fait de la force, pour tout emploi ; non de la force utile, industrieuse, vertueuse ; mais de la force de théâtre, de la force brutale, militaire, stérile.

**

Le rapport de M. Delangle, sur la statistique criminelle en France, de 1851 à 1860 ; et l'article de la *Revue britannique belge,* 10ᵉ livraison, servent à prouver, contrairement aux conclusions du garde des sceaux, que la moralité publique en France a subi une effroyable dépression depuis dix ans.

Diminution des crimes contre l'ordre, des brigandages, de l'assassinat, de tout ce qui suppose une certaine énergie ; mais augmentation des délits bas, lâches et vils :

Crimes contre les mœurs, surtout commis sur des enfants, et des deux sexes ;

Infanticides ;

Fornication générale, adultère (non poursuivi) : vie de bohème ;

Délits contre l'honneur, manque de parole, escroquerie raffinée, non prévue par la loi, détournements, agiotage, jeu, pots-de-vin, vénalité, trahison, ingratitude, concussion, banqueroute frauduleuse ; désertion du travail, etc.

Il y a décadence dans le crime même! Nation qui rappelle l'Italie au xvie siècle.

*_**

De même qu'au culte du vrai Dieu s'opposait l'idolâtrie, dans la pensée du monothéiste juif et chrétien; de même à la justice, respect du culte de l'humanité, s'oppose la prostitution de nous-mêmes.

La prostitution! C'est le sacrifice de la dignité humaine à *l'égoïsme*, à la cupidité, à l'orgueil, au plaisir, à toutes les réductions inférieures. On ne se prostitue pas, en réalité, à un autre; on ne se prostitue qu'à *soi-même*.

La mode la plus ordinaire de prostitution est la vénalité de la femme. Une variété est la vénalité du talent et de l'intelligence; la vénalité politique. Toute prostitution commence par la *fornication amoureuse*.

La glorification de l'amour et de la volupté, telle que l'enseignent les romanciers, les dramaturges, les poètes légers, est excitation à la prostitution.

Toute philosophie sensualiste et charnelle, prostitution :

Prostitution politique;

Prostitution matrimoniale;

Prostitution amoureuse;

Prostitution vaniteuse;

Tout revient à la *jouissance*, dont le mode le plus recherché, le plus cher, le plus universel; le pivot des autres, en vue duquel les autres n'existent pas, sans lequel le reste n'est rien, c'est la volupté.

Jadis on ne commettait pas beaucoup moins de fautes, peut-être. Mais la différence avec aujourd'hui est grande. On cédait à la passion, quand on croyait à la pudeur; aujourd'hui on n'a pas de pudeur!

***

L'essence de la pudeur est la négation de l'amour pour l'amour.

***

Depuis Jean-Jacques Rousseau, l'amour a repris le dessus sur la justice, et nous voyons ce qui en résulte.

*_**

J'ai eu tort de dire trop de bien des femmes :
j'ai été ridicule.

*_**

*De la pornocratie et de l'effémination dans les
temps modernes.* — Cette contagion se propage
partout, en Belgique et en Allemagne comme
en France. — Les nationalités se liment, s'effacent en se polissant.

La France a été saoûlée de gloire militaire par
Louis XIV, et de clinquant.

Vingt ans après la mort du grand roi elle
avait perdu le souvenir de ses défaites et de ses
misères.

Puis elle est devenue *libertine* avec Voltaire,
Montesquieu, Diderot, etc.

Puis elle s'est faite sentimentale avec Rousseau ; la volupté combattue par la luxure.

De nouveau saoûlée de militarisme, fille de
caserne, sous Napoléon.

Enfiévrée plus tard de *dilettentisme*, *d'indus-
trialisme*, de *bancocratie*, de *plat jacobinisme*.

A mesure qu'elle a marché dans sa déprava-
vation, ses facultés viriles ont faibli.

Aujourd'hui, c'est une prostituée.

15 juin 1862. — Assisté à Bruxelles au *spectacle du Parc*; — représentation donnée par
Ravel, artiste du Palais-Royal, l'ancien compagnon d'Alcide Tousez et de Grassot.

*Une fièvre brûlante; — Chez une petite dame;
— La ferme de Prime-Rose.*

Ces trois pièces peuvent servir à montrer le
gâchis de sentiments, d'idées, le fonds de luxure
et d'obscénité qui possède aujourd'hui les auteurs.
Ce qu'il y a d'étonnant c'est que le public n'y
comprend pas grand' chose, malgré sa bonne
volonté de corruption.

La première de ces pièces, d'un M. Méles-
ville, est une *satyriasis*. C'est la peinture d'un
homme de vingt-cinq ans, amoureux, ou plutôt
avide de femme, et retenu par une timidité égale
à sa rage sensuelle. On le voit dans un mono-
logue perpétuel que mettent en relief les inci-
dents plus ou moins bouffons de la pièce, plongé
dans un rêve de lasciveté continuelle, se déses-
pérer de sa poltronnerie, s'exalter, vouloir se
tuer, haïr les femmes, les adorer, enfin changé
en bête au point de tomber dans un accès de

lycanthropie, et d'aboyer (d'amour) comme un chien!...

Tout cela, émaillé de mots bouffons, équivoques, de scènes lascives, etc.

Il y a une censure en France!...

L'auteur est allé jusqu'à friser la promiscuité des sexes dans deux scènes où il montre trois jeunes filles déguisées en garçons, et qui viennent inviter leur voisin; puis, ces mêmes jeunes filles, sous le costume de leur sexe, et que l'amoureux transi continue de prendre pour des hommes, se vantant de les pouvoir baiser alors sans émotion!...

Chez une petite dame : mœurs de demi-monde; c'est la moins immorale des trois. — *Dans la ferme :* tentative de séduction d'une jeune fermière par le prince de Galles, déguisé en boucher. — Ceci n'est rien. Mais la jeune *miss* est servante chez un fermier, qui l'aime sans s'en douter, comme une sœur, et, pour procurer du bon temps à cette sœur, veut se marier avec une épouse qui fera le gros ouvrage de la ferme! — Toujours de la *fraternité* mêlée à *l'amour*.

Le moindre coup d'œil jeté sur le théâtre moderne suffit pour montrer que les auteurs se plongent dans la vie de bohème; qu'ils y oublient et la morale, et la nature, et l'amour; que, dans leurs pièces, ils substituent sans scrupule l'esprit de ces *dames* à celui de la société qu'ils façonnent sur leur modèle, faisant ainsi fonction de proxénètes et de corrupteurs.

Les noms les plus obscènes, les plus vils, suffiraient à peine pour donner une idée de ces mœurs.

* *

Prostitution. — Elle tend, dit B***, à devenir universelle. On ne peut plus se fier à aucune femme, à aucune fille. Celles à qui la fortune accorde tout en abondance, et que le besoin ne pousse pas à une galanterie mercenaire, s'y jettent par désœuvrement, curiosité du vice, inflammation des sens et recherche de la volupté.

On parle, à Spa, de sorties nocturnes des jeunes filles pendant la nuit. Là, les maisons ne ferment qu'au loquet. Tandis que les papas et mamans dorment dans leur chambre, fatigués de la roulette, la jeune fille se relève, sort à pas de loup, et trouve son amant d'un jour, qui la pro-

mène au clair de la lune, sur les montagnes.
C'est le cas de rappeler ce vers de Juvénal :

..... Nil in montibus actum?

B*** me raconte qu'on vient lui offrir chez lui
des jeunes filles par *listes*, de quatorze à dix-huit
ans. Voulez-vous brune ou blonde, grande ou
petite, mince ou forte?...Il y a à choisir. Tout célibataire ou veuf, riche, ami du plaisir, est poursuivi par les entremetteuses.

Y a-t-il volupté réelle, demandai-je? — Non,
c'est gaucherie, stupidité, besoin urgent, absence
complète, chez la créature, de plaisir, de tendresse, d'art. De la chair toute crue, et la vanité
cannibale de *croquer un tendron*. L'ouvrière ne
peut plus vivre de son travail ; c'est prouvé. A
moi la prostitution, dit-elle. La femme vit de
privation, le mari perd courage, on fait des
dettes, des dupes, pour soutenir un moment un
semblant d'élégance. — A nous la prostitution !
disent-ils.

Il se voit des jeunes filles longtemps pures,
qui se sont sacrifiées à soutenir leurs parents, à
élever leurs petits frères et sœurs, et qui, suffo-
quées de cette incurable misère, se décident un

jour, pour obtenir un léger adoucissement, à se livrer à leur tour. De leur part, c'est résolution héroïque, mais que très-rarement on devine, car elles ne le disent pas. — Ces créatures deviennent des ennemies acharnées du sexe mâle. Après les premières relations, la honte vaincue, elles deviennent les plus habiles et les plus impitoyables spéculatrices.

Du reste, la prostitution est la source de l'inimitié entre l'homme et la femme, et, par suite de l'extinction de l'amour, de la dépravation des sens, le principe des jouissances contre nature.

Suivant B***, qui m'a dit le tenir d'un agent de la police, il y aurait à Bruxelles 1,800 ou 2,000 personnes convaincues de cette sorte de mœurs.

Un fait qui indique la profondeur et la précocité de la corruption de la jeunesse, c'est qu'on en voit qui se réunissent à trois ou quatre pour entretenir, à frais communs, une femme. Cette communauté est le dernier degré de bassesse. — Des visites solitaires à une fille publique sont cent fois au-dessus.

Le concubinage, ou *amour libre*, qu'il serait mieux encore d'appeler *mariage libre* ou sujet à révocation, devient très-rare. — La jeunesse, ayant perdu la honte et la délicatesse, ne s'y est pas arrêtée longtemps. On préfère la *voltige*, bien autrement excitante et coûteuse ; la promiscuité. — C'est le métier de la *lorette*, qui aujourd'hui remplit l'Europe.

Les célébrités du genre, dont on a vu une cinquantaine à Spa cet été (1859), ne sont nullement, comme on pourrait croire, les plus remarquables par la jeunesse et la beauté. Ce sont toutes femmes de vingt-cinq à trente ans, ayant passé la fleur de la jeunesse, le corps déjà flétri ; mais devenues expertes et raffinées en débauche, et illustrées par les aventures les plus scandaleuses, les hommes qu'elles ont ruinés, le jeu qu'elles jouent, etc. — Quand l'amour s'éteint et que les sens s'émoussent, la vanité et la curiosité les remplacent. Cela se comprend. Le comm... des hommes ne se pouvant distinguer par rien, trop lâche pour conquérir par le travail, la probité, la distinction sans laquelle la vie n'est rien, se signale, comme les écoliers, par le tapage, les cris, les grimaces, le jeu, la débauche, les chevaux, habits, etc.

Ceci me reporte à d'autres idées.

Tout homme peut *se distinguer* par quelque chose, assez pour que son amour-propre soit

satisfait, son existence honorée; il ne s'agit que
de le vouloir. — Le travail, l'application, la
constance, l'étude, une probité sévère, la fidélité
dans les amitiés : tout cela est à la portée de
tout le monde, de toutes les conditions, et, dans
un siècle de dissolution, d'une certitude de succès immanquable. — La distinction serait donc
plus difficile à obtenir, dira-t-on, dans une société formée en grande majorité d'honnêtes
gens?... A quoi je réponds : Devenons d'abord
tous honnêtes gens, et nous jouirons de quelque chose de mieux que la distinction; nous aurons la félicité universelle, l'estime et le dévouement réciproques, la haute fraternité. Nous serons
renouvelés.

*_**

Des journaux en sont venus à prêter leur ministère à des correspondances coupables, sous
formes d'annonces énigmatiques. On me signale
l'*Office de publicité* et l'*Étoile belge*.

En Amérique, il est bien peu de propriétaires
de négresses un peu jolies qui ne se trouvent
transformés en proxénètes. La négresse, rap-
portant au travail des champs, seulement deux

dollars par semaine, en produit cinquante par la prostitution.

A New-York, tous les vices civilisés trouvent amplement à se satisfaire.

Par toute l'Europe, cafés chantants, estaminets assortis de femmes (on cite, entre autres, et l'on vante, pour cet objet, Anvers, Rotterdam, Amsterdam, etc.)

Tout luxe dégénère en luxure; toute grande fortune dégénère en abus. — Ceci est de principe.

*
* *

La lecture d'un roman amoureux, et la visite à la maison de tolérance qui s'ensuit, font plus de mal qu'une semaine de labeur pénible.

*
* *

Dépravation hideuse de la domesticité, par absence de pudeur et de religion. Consultez les femmes; elles sont sur les dents, dans la désolation. — Ce sont des anecdotes, des traits de bêtise, d'impudence, à n'en pas finir; une impudicité raisonnée, résolue, sereine.

La domesticité, la classe ouvrière, vous font voir ce que c'est que la femelle de l'homme.

*
* *

Quand la police, la critique, les artistes, les gens de lettres et les pères de famille se montreront sévères et résolus, ce sera fini de l'immoralité.

L'époque ne produit rien que des photographies obscènes, des figures de lorettes : *Inter quas...*

*
* *

Tout s'est prostitué, jusqu'aux anciens puritains du jacobinisme. — Jeunesse flétrie : rien ne lui gronde dans la conscience : apostate de la religion de ses pères.

*
* *

Il faut organiser une propagande contre la dissolution des jeunes gens et l'insurgence féminine. La première condition, ô hommes, pour rester

les maîtres, c'est de savoir commander à vos sens,
et d'être continents.

*
*   *

Mieux vaut une jambe de bois à la maison
qu'une crinoline à l'Opéra.

*
*   *

Il faut exterminer toutes les mauvaises natures, et renouveler le sexe, par l'élimination des
sujets vicieux, comme les Anglais refont une race
de bœufs, de moutons, et de porcs, par l'ali-
mentation.

*
*   *

Ce qu'on nomme une demoiselle bien élevée, est une fille très-mal élevée, une femme
inutile.

*
*   *

Il faut étudier les races, et trouver celles
qui produisent les meilleures épouses, les plus

utiles ménagères : la Flamande, la Suissesse, l'Anglaise, la Russe, etc. — C'est à ce point de vue surtout qu'il faut étudier les croisements.

Écarter sans pitié les créatures insolentes, vicieuses, peresseuses, faites pour le luxe, la toilette et l'amour.

**

Droit de la force. — Vous en parlez comme un aveugle des couleurs, par habitude, et en vertu des préjugés, comme font les enfants, les femmes, et tout ce qui ne réfléchit pas. — Ce droit est le plus ancien, et en pratique, le plus fondamental; hors de lui, rien ! toutes les nations sont forcées de l'exercer, et de le faire respecter en elles, à peine de périr.

Femme, esprit fort, impie, irréligieuse : c'est à prendre en grippe la philosophie. Savez-vous donc que nous n'avons pas encore remplacé ce sentiment profond de morale intérieure qu'on appelait sentiment religieux, qui donnait un caractère si haut à l'homme, à la femme et à la famille. — Misérable, qui croyez que cela se remplace avec de la critique et des phrases.

Est-ce le spectacle, l'Opéra, le Vaudeville, ou l'Hippodrome, que nous mettrons à la place de l'Église? Le spectacle n'est qu'une excitation au plaisir et à la volupté; un moyen d'agitation tout au plus. — De morale impossible.

Il faut que nous refassions de la morale quelque chose comme *un culte*. Nous pouvons, avec les seuls forces de l'esprit, donner une théorie, définir le droit, en formuler les applications; dire de fort belles choses. — Mais en remplir le cœur, l'âme; en faire une poésie, une publication, une sainte allégresse? Jamais! Il nous faut autre chose.

Il faut revenir ici aux sources, chercher le divin, nous retremper dans une vénération, qui nous soit en même temps un bonheur. Nous cherchons quelque chose de *mystique*, qui cependant ne choque pas la raison, précisément ce que voudraient faire, avec le christianisme, les croyants concordataires.

Pour moi, j'ai cru qu'il fallait remonter, ou descendre, jusqu'aux couches les plus profondes de l'histoire.

La raison pure et philosophique ne suffit plus, pas même aux raisonneurs et aux philosophes.— De là tant d'apostasies à la raison.

**
*

Nous ne pouvons nous contenter du *protestantisme ;* il est aussi mort que le reste.

Du déisme, de la magie, des tables tournantes, des esprits frappeurs ; non, il n'en savent pas plus que nous-mêmes.

Du paganisme, non, encore moins ; c'est de la puérilité.

Il faut remonter au delà de l'institution des sacrifices.

Je ne vois que la famille qui puisse nous intéresser à la fois d'esprit et de cœur, nous pénétrer d'amour, de respect, de recueillement ; nous donner la dignité, le calme pieux, le profond sentiment moral, qu'éprouvait jadis le chrétien au sortir de la communion.

C'est un *patriarchat* ou *patriciat* nouveau, auquel je voudrais convier tous les hommes.

Là je trouve une autorité suffisante pour l'homme, haut respect de lui-même ; — dignité pour la femme, et modestie : et dans tout cet ensemble, quelque chose de mystérieux, de divin, qui ne contredit en rien la raison, mais qui cependant la dépasse toujours.

*
* *

La justice, si bien qu'on l'explique, reste toujours, au fond, un mystère comme la *vie;*
l'amour conjugal, l'amour transformé par le
droit, qui a chassé le rut et l'idéal ; mystère ! la
femme est mystérieuse, comme la génération et
la beauté.

Établissons sur ce fondement la justice
inflexible, la morale austère, l'inviolabilité du
libre arbitre, le zèle de la vérité, de la science,
de l'égalité, de la pudeur ; ménageons des jours
et des lieux de ralliement aux familles : nous
aurons une religion.

Nous avons perdu l'habitude du recueillement,
— nous ne savons plus vivre en nous-mêmes,
être heureux avec notre conscience, comme le
croyant l'est avec son dieu, qui n'est que la voix
de son cœur et de sa conscience... Nous nous
fuyons nous-mêmes ; nous avons besoin d'être
sans cesse les uns chez les autres ; notre existence est un pêle-mêle. Point de religion domestique. Le père et la mère finissent par s'ennuyer
l'un de l'autre : mieux que cela, ils s'ennuient
en commun, comme des gens sans conscience et

sans morale : autrefois, le dimanche, ils allaient passer une heure à l'église, et la journée entière était bonne et heureuse. Maintenant ils ont besoin de bal, de soirée, de spectacle, d'étourdissement. — Ils ne trouvent la paix que dans le travail, dans la peine !

Et l'on croit remédier au mal, en découronnant l'homme, en émancipant la femme ; en faisant des époux des *associés*, des concubins, des communiers, des actionnaires d'une entreprise de *progéniture !*

Un homme déchu ; une femme insolente : quelle vie !

*
* *

Supprimez la liberté individuelle, plus de société.

Supprimez le mariage, l'autorité paternelle, la famille ; plus de société, plus de cité, plus de nation. — Un ordre factice, sanctionné par la force.

Affaiblissez la base sociale, par la diminution de la *liberté* et la dénaturation de la famille, vous affaiblissez le lien social.

Aujourd'hui nous nous savons, ou nous nous

croyons en progrès? Nous tendons à un ordre de choses supérieur, où la paix sera perpétuelle, le travail solidaire, le bien-être mieux réparti, la vertu générale. Croit-on qu'on y arrivera par la ruine du respect conjugal?

Est-ce que l'on voudrait démolir l'homme?

*
* *

— Il y a des temps où l'abaissement du sens moral passe des individus aux masses : le monde en est témoin depuis 1848. La corruption était grande à partir du Directoire; mais elle restait plutôt privée que publique. Tout à coup il y a eu explosion; la masse se corrompt et réagit sur le reste. Où s'arrêtera cette dissolution? On ne le sait pas.

*
* *

Une nation en dissolution est comme un corps atteint de gangrène: l'orteil seul paraît attaqué, et le chirurgien coupe le pied. Six mois plus tard la gangrène reparaît à la jambe, il faut couper la cuisse; enfin, elle se met au ventre et tout est fini.

***

Il y a un principe de vie végétative ;
Il y a un principe de vie animale ;
Il y a un principe de vie sociale.

Ce principe se manifeste par la religion, la justice, la politique, la poésie, la littérature, l'art, la famille, le travail et les mœurs.

***

Pornocratie et Empire. — Abolition des libertés communales et de la vie provinciale : Abolition du mariage et de la famille.

Plus d'*individualités* : On y arrive également par la transformation du mariage en concubinat, par amour libre et promiscuité, et par l'omnipotence de l'État.

La possession vigoureusement atteinte : Projets de loi de succession ; plus de *paternité*.

Horreur du ménage chez la femme ; horreur du métier chez l'homme ; développement de la *fonctionomanie*.

Hôtel garni, cités ouvrières ; voilà désormais

pour le domicile; un emploi, un cadre, voilà pour l'homme.

Les Napoléons, loués d'avoir châtré le pays en supprimant les droits et les libertés publiques; la pornocratie consommera l'œuvre, en châtrant les maris par la substitution du concubinat au mariage.

Napoléon III, chef de l'État, des libertés et des propriétés, des places, des droits; M. Enfantin avec sa concubine, chef des ménages, confesseur des maris, etc.: un empereur, un pontife.

Plus de doctrines, d'idées, de théories, de système. A bas la raison, vive l'impromptu; vive l'arbitraire! On tâte le pouls à l'opinion; on l'excite; on lui imprime une direction; et alors, *vox populi, vox Dei.*

*
* *

D'un côté, comme de l'autre, on organise la guerre à la famille et à l'individualité.

On ne veut plus ni de mariage, ni du droit.

On tend à une prostitution générale. C'est très-manifeste.

Les aveux explicites, les théories des femmes-auteurs le prouvent.

L'AMOUR POUR L'AMOUR, voilà leur devise...

Or, l'amour pour l'amour exclut le mariage, les charges d'enfants ; il veut la papillonne ; donc la PROSTITUTION. Voilà où nous en sommes.....

Toutes les idées se tiennent.

Qui veut la destruction du mariage, l'*émancipation* de la femme, veut la ruine du droit et de la liberté ; tourne à la sodomie.

Tout cela est bien accusé, bien carré.

***

La *personnalité*, nulle dans un concubinat conçu sur le pied d'égalité générale.

Dans la société de commerce, l'associé le plus fort entraîne l'autre: s'ils sont égaux, incommodité; alors, le plus souvent, séparation, à moins que des deux parts la personnalité ne soit très-faible.

Ou bien encore, les pouvoirs se partagent, et chacun se fait un petit *royaume*.

Le vrai *mari*, PATER FAMILIAS, est l'homme le plus fort. Dans un état composé de vrais chefs de famille, pas de tyrannie.

Aujourd'hui, *quid ?* Les pères ont donné l'exemple de la couardise à leurs fils, et leurs fils les méprisent.

Si ta personnalité doit être partagée, jeune homme, ne te marie pas.

Il n'est pire sourd que celui qui ne veut pas entendre.

Quand j'ai écrit cette phrase : *Courtisane ou ménagère, pas de milieu*, et cette autre, plutôt de voir la femme émancipée, comme certains le veulent, je préférerais la mettre en réclusion.

Il est clair que j'ai parlé de la femme *libertine*. J'ai parlé comme Blanche de Castille : « Plutôt mon fils mort que coupable ! »

Plutôt ma fille morte que déshonorée !

***

Il y a dans la femme la plus charmante et la plus vertueuse de la sournoiserie, c'est-à-dire de la bête féroce. C'est, en définitive un animal apprivoisé, qui par moments revient à son instinct. La même chose ne peut se dire au même degré de l'homme.

L'homme, avec sa force, sa volonté, son courage, son intelligence, retombant quotidiennement dans les lacs amoureux de la femme, ne parviendrait jamais à la dompter et à s'en rendre maître, s'il n'était aidé par les maladies et infir-

mités qui matent cette lionne : grossesses, cou‑
ches, laitations, puis tous les maux qui s'ensui‑
vent, et qui permettent à l'homme, en l'éloignant
de la couche commune, de reprendre haleine et
de redevenir lui-même, tandis que la femme,
battue par la souffrance, est contrainte de fléchir
et de s'humilier : voilà la source de la paix do‑
mestique.

Ce que je dis ici est de l'histoire naturelle : je
prends la femme dans sa *nature*, non dans son
état perfectionné. L'éducation dissimule ces vices,
calme cette furie ; la domestication prolongée, la
génération, le régime, changent peu à peu cette
brute. Mais il faut savoir ce qu'elle est de nature
si l'on veut la gouverner.

La femme, en avançant en âge, devient pire.

Il faut que l'homme, dans ses rapports avec
elle, sache lui faire sentir qu'il est pour elle, non-
seulement un amant, mais un père, un chef, un
maître : surtout un maître !

Michelet n'a pas tiré de ses observations, sur
l'état habituellement maladif de la femme, toutes
les conséquences : C'est que cet état a un but
providentiel, le repos de l'homme, et la soumis‑
sion de la femme. Le sauvage a compris cela : de
la bête féroce sa femelle il a fait une bête de

somme; c'est la femme qui travaille chez les barbares. La femme à la charrue, tandis que les hommes se croisent les bras. — Plus tard, l'homme travaillera pour elle à son tour; mais alors le travail, de plus en plus hors de la portée de la femme, lui fera sentir son infériorité, et la subordonnera à son mari.

Il gagnera quatre francs par jour; elle un franc; par la raison toute simple qu'il fait quatre fois autant de besogne, et de meilleure qualité qu'elle.

***

Souviens-toi, jeune homme, que les baisers qu'on te donne sont comptés; que ce sont des liens dont tu te charges, et que trois jours de carême suffisent pour faire de la femme, sans que tu t'en aperçoives, d'une douce amoureuse un tyran.

***

La violence, chez la femme, est en raison de la volupté qu'elle éprouve. L'amour et ses jeux ne l'adoucissent point, au contraire. C'est pour-

quoi l'époux et l'épouse ne sont jamais plus près
de se quereller que lorsqu'ils se font des ma-
mours : « Attendez seulement que la femme soit
comblée, et le mari satisfait. » C'est l'instant où
la discorde les saisit, en faisant ressortir tout
à coup le génie égoïste, personnel, impérieux,
l'âpreté de caractère, la brutalité de cœur, en un
mot la férocité de la femme. On l'a dit : c'est
une chatte.

La femme sollicite, agace, provoque l'homme ;
elle le dégoûte, et l'embête : encore, encore,
encore !

*
* *

Rousseau s'est trompé, en recommandant à la
femme mariée d'être prudente et discrète dans
le commerce avec son mari. Jamais femme ne
dira : Assez ! — C'est à l'homme de prendre
pour lui le conseil et de ne pas se prodiguer. —
Certes, la femme pudique, réservée, qui se refuse
par tendresse, par prévoyance, par respect de
son mari et d'elle-même, cette femme-là est un
idéal divin ; mais ce n'est pas une réalité. La
réalité est juste le contraire. — C'est à l'homme
de se contenir, et d'être toujours digne, sévère ;

sinon sa femme, connaissant sa faiblesse, se moquera de lui et le dévorera.

*
* *

La femme est un joli animal, mais c'est un animal. Elle est avide de baisers comme la chèvre de sel.

*
* *

Pourquoi ne pas dire la vérité, telle qu'elle est et que nous la pensons tous, sur le sexe et son influence? Vivrons-nous toujours dans le roman? Sied-il à l'écrivain, au moraliste, de cultiver la galanterie, de rendre sur le beau sexe un faux témoignage, qui, induisant le jeune homme en erreur, lui prépare d'amères déceptions et met la discorde dans la famille?...Est-ce l'honorer elle-même? — Comme la femme est domptée par sa faiblesse, son impéritie et toutes ses gênes, il faut qu'elle soit tenue en modestie par la déclaration authentique de son être et de ses tendances. Après tout, elle n'a pas à craindre l'abandon, elle n'a pas à craindre de n'être pas aimée : elle a à craindre bien plutôt de l'être sottement et trop.

Qu'elle sente, dans les caresses les plus intimes de son amant, de son époux, qu'elle n'a pas affaire à une dupe ni à un manchot. Car j'ose affirmer que, quelque dépit, quelque faveur que puissent causer à toutes les femmes ces révélations, elles sont si singulièrement constituées que, tout en reconnaissant le scepticisme, et, au besoin, l'énergie de leur conjoint, elles n'en sont pas au fond très-fâchées; elles se fâcheraient si les choses étaient autrement.

La femme ne hait point d'être un peu violentée, voire même violée. Grande hypocrisie des romanciers et romancières, peignant, le soir des noces, la brutalité d'un homme et l'innocence de la jeune vierge qui lui est donnée. Sur cent mariages, quatre-vingt-dix fois sur cent c'est le mari qui est le nigaud.

*
* *

Il n'y a pas d'égoïsme comme l'égoïme féminin : mielleux, affilé, raffiné comme un dard trempé dans l'huile; un égoïsme d'artiste. — Elles le savent, elles le dissimulent; mais cherche bien et tu le découvriras.

**
* *

Ceci est de l'histoire naturelle. J'ai rencontré dans ma vie quelques bonnes créatures. L'amour qu'elles ne manquent guère d'inspirer, quand elles sont jeunes, se combinant avec l'estime, je les ai affectionnées cordialement. C'étaient des personnes que l'éducation, la religion, une longue culture, avait transformées, à peu près comme ces animaux qui se transforment par le semis et le régime. A des créatures ainsi refaites, on peut jusqu'à certain point se fier ; toutefois, il est prudent de ne s'endormir que d'un œil. Comme les races dont je parle, abandonnées à elles-mêmes, elles reviennent à leur type, ainsi fait la femme bien élevée.

Une part de la vertu féminine vient de la férocité. C'est la femelle, avide de mâle, mais qui craint plus fort qu'elle, et qui joue de la griffe avant de se livrer.

A une époque de vertu familiale et de haute moralité publique, ces choses ne s'aperçoivent pas. La femme est la gardienne des vertus qu'elle représente. Une pareille critique serait alors un scandale. C'est pourquoi, je comprends à merveille que l'on se soit récrié contre certaines satires des Pères anciens et des moralistes. Mais aux époques de décadence, où les femmes, suivant le torrent des hommes, retournent à leur nature bestiale, chacun peut juger par soi-même de l'exactitude du portrait. Or, quand les Pères de l'Église tonnaient contre le sexe, ils avaient sous les yeux des modèles, comme nous en avons aujourd'hui. Prenez la femme du sérail ou la femme libre : c'est la même chose.

***

Oh ! j'ai dit trop de bien de la femme ! je le regrette, je ne le rétracte pas : j'ai peint la femme idéale ; elle est toujours idéale, quand elle n'est pas mauvaise, la femme. Mais j'ai peint aussi la femme normale. Et nous sommes au-dessous de la norme.

***

Avoir bien soin de condamner ce que j'ai écrit sur la *beauté* des femmes.